Robert Schmitt

Lukas Podolski

© BALTIC SEA PRESS, Rostock 2010

www.balticseapress.net

Alle Rechte vorbehalten: Kein Teil dieses Werkes darf ohne schriftliche Einwilligung des Verlages in irgendeiner Form (Fotokopie, Mikrofilm oder ein anderes Verfahren) reproduziert oder unter Verwendung elektronischer Systeme verarbeitet, vervielfältigt oder verbreitet werden.

Bilder: Shutterstock

Einbandgestaltung: Oliver Randak Mediendesign

Herstellung: alfaprint, Slowakei

ISBN 9783942129138

Robert Schmitt

Lukas Podolski

INHALT

1. Von Null auf Hundert im Raketentempo

2. Der lange Abschied aus Köln

3. Das große Missverständnis: Lukas Podolski beim FC Bayern München

4. Aschermittwoch in Köln

1.
Von Null auf Hundert im Raketentempo

1.

Was ist die größte Attraktion in Köln? Der Dom? Nein. Es ist Lukas Podolski, der in den letzten Jahren beim ersten Bundesligameister von 1964 den Dom in den Schatten stellte.

Lukas Podolski wurde am 4. Juni 1985 im polnischen Gliwice als Sohn des polnischen Fußballprofis und ausgezeichneten Innenverteidigers Waldemar Podolski geboren. Dort hat er heute noch eine große Familie, und auch deshalb hängt sein Herz auch heute noch an seiner alten Heimat. Als er zwei Jahre alt war, siedelte seine Familie nach Westdeutschland über – damals keine seltene Sache.

Podolski wuchs in Bergheim bei Köln auf und spielte ab 1991 in der Jugendmannschaft des FC 07 Bergheim. Schon damals geradlinig und unbekümmert, mit einem knallharten Schuss, aber ohne großes Vorbild wie seine Fußball spielenden Altersgenossen.

1995 wechselte er zur D-Jugend des 1. FC Köln. Seine Eltern fuhren ihn jeden Tag zum Training von Bergheim nach Köln und zurück.

Sein Vater Waldemar ist Schlosser, seine Mutter Christina Hausfrau, aber auch eine frühere Handball-Nationalspielerin. „Ihnen verdanke ich alles", sollte er später einmal sagen.

Bis 2001 lernte Lukas Podolski in der Hauptschule von Bergheim. Danach wäre er beinahe bei einer Spedition gelandet, um dort eine Ausbildung zur Fachkraft für Lagerlogistik zu machen. Damals verdiente er noch 800 Euro im Monat in der A-Jugend des 1. FC Köln. Doch es kam anders.

Dem Schweizer Fußballlehrer Marcel Koller ist es wohl zu verdanken, dass der 1. FC Köln im Herbst 2003 seit langem mal wieder ein viel versprechendes Talent in seinen Reihen hatte. Koller ließ sich zwei Tage nach seinem Dienstantritt Anfang November Videos und Einschätzungen von Manager Andreas Rettig über A-Junioren und Amateurspieler des Klubs zusammenstellen. Podolski beeindruckte ihn immens. Noch am selben Abend wurde Koller beim Training der Nachwuchsmannschaft vorstellig. Wenig später, ausgerechnet zum Karnevalsbeginn am 11.11., berief er das Talent in den Profikader, weswegen Podolski vom Kölner Boulevard flugs zum „Prinz Poldi" gekürt wurde. Den Kult in Köln um seine Person steckte er weg, doch mit einem konnte sich Podolski gar nicht anfreunden: „Mit der von den Medien erfundenen

Bezeichnung 'Prinz Poldi' kann ich nicht viel anfangen."

„Er ist ein Instinktfußballer, mit einer herausragenden Technik und einem exzellenten linken Fuß", erkannte Manager Rettig. 2001 trug er das erste Mal das Trikot mit dem Adler auf der Brust, als er für die U-17 des Deutschen Fußball-Bundes (DFB) aktiv war. Es folgten Einsätze für die U-18, U-19 und U-21. Insgesamt spielte er 21-mal für den DFB-Nachwuchs und erzielte zwölf Tore. Dass es nicht mehr wurden, lag schlicht daran, dass er früh zur A-Nationalmannschaft vorstieß.

Der A-Jugendliche, den Koller nach seiner Amtsübernahme in den Profikader befördert hatte, zählte eigentlich noch zu den Amateuren, als er im Dezember 2003 mit seinem Tor zum 2:0 gegen Hertha BSC die Vorentscheidung für den ersten Sieg der Kölner unter dem neuen Trainer brachte. Damit belohnte Podolski den Trainer für das in ihn gesetzte Vertrauen – ein Phänomen, das sich durch die ganze Karriere des Lukas Podolski ziehen sollte.

Durch seine Tore und seine unbekümmerte Spielweise hatte „Lucky", wie er von seinen Mitspielern gerufen wird, seinen Wert für die Mannschaft eindrucksvoll nachgewiesen. „Aus ihm kann mal ein ganz Großer werden", sagte Koller, schränkte aber ein: „So schnell wie man hoch kommt, ist man auch wieder unten." Podolski erklärte seinen Höhenflug derweil denkbar simpel: „Ich spiele so auf wie in der A-Jugend."

Sein Erfolgsrezept: „Einfach Ball rein – und dann nur noch rausschreien." Vor dem Tor, ließ er noch wissen, sei er halt eiskalt. Auch die Winterpause konnte Podolski nicht bremsen. Mit dem 1:0 gegen Gladbach bei der Einweihung des ausverkauften RheinEnergie-Stadions vor 51.000 Zuschauern hatte er Anfang Februar schon zum dritten Mal in Folge getroffen. Podolski bescherte den Kölnern nicht nur den ersten Sieg über Gladbach seit sechs Jahren. Erstmals seit dem neunten Spieltag verließen die Gastgeber damit die Abstiegsränge.

Seinen Erfolg erklärte er gegenüber der Presse auch damit, dass er noch nie eine Freundin gehabt habe. „Weil die einen auf den falschen Weg bringen können." „Bei Lukas ist überhaupt nicht zu spüren, dass er mit der hohen Belastung im Kampf gegen den Abstieg Probleme hat", lobte sein Trainer Marcel Koller.

Damals wohnte Podolski noch bei seinen Eltern in Bergheim, 30 Autominuten vom Kölner Trainingsgelände entfernt. Aber auch finanziell ging es für ihn nun bergauf. „Wir hängen ihm keine goldenen Ketten um", meinte Köln-Manager Rettig, „aber wir werden seinen Verdienst den Leistungen anpassen."

Eine Schwalbe macht noch keinen Sommer, musste man angesichts der folgenden desolaten Vorstellungen des FC leider sagen. An Engagement fehlte es dem jungen Team nicht, an Kreativität kaum – nur die alte Abschluss-Schwäche verhinderte Erfolgserlebnisse. Schwungvoll, ja mitunter hinreißend spielte die junge Mannschaft, erarbeitete sich Dutzende Gelegenheiten. Nur das Runde wollte nicht ins Eckige. Der *Kölner Stadt-Anzeiger* wähnte den FC „gefangen in der Gummizelle". So sehr die Kölner auch gegen die Wände rennen, am Ende stehen sie stets nur verbeult da. Und Podolskis Verein lag schon wieder fünf Punkte hinter einem rettenden Nicht-Abstiegsplatz.

Weil über die Gegenwart aus verständlichen Gründen niemand mehr reden mochte, und die Zukunft einen Namen hatte, richteten sich nun alle am 18-jährigen Lukas Podolski auf. Den Stürmer, gegen Bochum erneut einer der Besten und Torschütze zum zwischenzeitlichen Ausgleich, empfahl Marcel Koller sogar nachdrücklich für die Nationalmannschaft. Ende Februar stoppte ihn aber erst einmal ein Muskelfaserriss. Da Talente in Köln rar gesät waren, gab man Podolski Ende März aber trotzdem den ersehnten Profivertrag.

Plötzlich war also sogar schon von der Nationalmannschaft die Rede. Nach nur 14 Bundesligaspielen (5 Tore) war Lukas Podolski zu einer echten Alternative für den Berliner Fredi Bobic und Oliver Neuville von Bayer Leverkusen geworden, an denen Teamchef Rudi Völler trotz ihres Reservisten-Daseins im Verein weiter festhielt. Im April wurden für den Nationalcoach aber die Stürmer knapp. Sollte auch noch Kevin Kuranyi für das Test-Länderspiel gegen Rumänien ausfallen, kam eigentlich nur Lukas Podolski als Ersatz in Frage. Völler lobte den Senkrechtstarter in den höchsten Tönen: „Er bringt alle

Voraussetzungen mit, die man als guter Stürmer braucht. Er ist ein Riesentalent." Die Schusstechnik und die Unbekümmertheit bezeichnete Völler als besondere Stärken des jungen Kölners. Und trotzdem verzichtete er auf seine Nominierung, wohl um Experimente vor der nahenden EM in Portugal zu vermeiden.

Mit Podolski – der mittlerweile zum Jahrhunderttalent hochgejubelt wurde – hätte sich das peinliche 1:5-Debakel in Rumänien vielleicht verhindern lassen. Die Tür zur EM hatte sich für den Kölner wieder ein wenig geöffnet.

Im April zeichnete sich ab, dass es für den 1. FC Köln wohl keine Hoffnung mehr auf einen Verbleib in der 1. Liga gab. Praktisch besiegelt war der Abstieg des FC nach der 2:4-Niederlage beim Hamburger SV Ende April. Einziger Lichtblick bei den Rheinländern war wieder einmal Jungstar Lukas Podolski, der neben Springer für den FC getroffen hatte.

Den Abstieg des 1. FC Köln aus der Bundesliga musste sich Podolski nicht ankreiden lassen. Im tristen Kölner Absteigerteam war er der einzige Spieler, der regelmäßig für Highlights gesorgt hatte. FC-Urgestein Wolfgang Overath lobte den „kleinen Lukas" in den höchsten Tönen. Er habe sehr gute Voraussetzungen und bringe alles mit, in Köln eine Figur werden zu können wie Hans Schäfer oder Overath. Er sei schnell, torgefährlich, technisch stark und ein Kerl wie ein Baum, der sich nicht wegdrücken lasse. „Mit

18 Jahren ist er bereits sehr weit. Das gibt es selten. Ich selbst hatte eine ordentliche Technik, aber mir fehlte es an körperlicher Durchsetzungskraft. Oder es gibt die großen Brecher, denen es dann an Technik mangelt. Er hat aber beides."

Als erster 18-Jähriger hatte Lukas Podolski in einer Bundesligasaison zehn Tore erzielt. Beim 1:3 der Kölner in Berlin warb er mit Tor Nummer 10 im 19. Bundesligaspiel noch einmal nachdrücklich für sich. „Ich habe einfach draufgehalten und drin war der Ball – wie immer", kommentierte Podolski sein Tor.

Seinen rasanten Aufstieg genoss Lukas Podolski. Weder die positiven noch negativen Seiten des Profigeschäfts brachten ihn um den Schlaf. So richtig Zeit, darüber nachzudenken, hatte er aber auch noch nicht. „Das ist doch das, worauf ich mein ganzes Leben drauf hingearbeitet habe. Deshalb war ich auch gar nicht so nervös bisher", meinte er selbst.

Seine Unbekümmertheit hätte Podolski auch gerne bei der EM in Portugal als „Joker" gegen die Niederlande oder Tschechien in die Waagschale geworfen. Die Chancen standen nicht schlecht. Nach dem Debakel gegen Rumänien wenige Wochen zuvor hatte die Diskussion um die personelle Besetzung des Kaders wieder begonnen. Viele forderten die Nominierung von Bastian Schweinsteiger und Podolski.

„Sie würden Holland mit Sicherheit nicht im Alleingang schlagen. Ich würde aber beide mitnehmen, sie aber nicht von Anfang an spielen lassen", steuerte beispielsweise Bayern Münchens Manager

Uli Hoeneß seine Meinung zur Diskussion bei. Rudi Völler sah dies anders: „Jung, jung, jung – diese Hysterie mache ich nicht mit. Es ist schön, dass wir solche Spieler mit solchem Potenzial haben. Aber klar ist auch, dass wir die richtige Mischung in unserem Aufgebot haben müssen." Ohne erfahrene Spieler könne man bei einem wichtigen Turnier nicht gegen die großen Gegner bestehen. Kritisch äußerte sich auch Michael Ballack, der eine mäßige Saison hingelegt hatte, zur weiter forcierten Verjüngung der Nationalmannschaft: „Leute wie Schweinsteiger und Podolski sind sicher Spieler mit viel Potenzial für die WM 2006. Aber was immer unterschätzt wird: Es ist wichtig, dass man schon internationale Erfahrung hat." Die hatte Lukas Podolski tatsächlich noch nicht.

Im Wesentlichen vertraute der Teamchef dem Stammpersonal (zehn Vizeweltmeister) der vergangenen Jahre. Als Völler Ende Mai den Kader für die EM nominierte, fehlte Podolskis Name deshalb auf der Liste. Eigentlich schon eine Überraschung für die Öffentlichkeit. Die meisten hatten eher mit einer anderen Entscheidung gerechnet. Podolski war aber nicht der einzige junge Aufsteiger der Saison, der fehlte. Auch Bastian Schweinsteiger durfte nicht mit.

Völler nominierte neben Miroslav Klose, Kevin Kuranyi und Fredi Bobic etwas überraschend Thomas Brdaric von Hannover 96 als vierten Stürmer. Brdaric hatte eine überragende Rückrunde gespielt.

Die Meldefrist des endgültigen EM-Kaders endete aber erst am 2. Juni. Völler hielt sich eine kleine Hintertür offen. „Im Moment hat Lukas die besseren Chancen, weil er uns positionsbedingt helfen könnte", sagte er. Seine Torquote in der Bundesliga und auch die Art und Weise der Treffer seien einfach toll. Er habe noch diese Unbekümmertheit und zeige Aktionen, an denen man merke, welch großes Talent er hat.

Podolski sollte sich aber erst einmal international bewähren und sich bei der U-21-EM vom 27. Mai bis 8. Juni in Deutschland für eine spätere Berufung in die A-Auswahl anbieten. „Das habe ich bewusst gemacht. Ich will noch mal Reize schaffen", sagte Völler. „Sehr wahrscheinlich wird er dort besser getestet als in unseren Testspielen, wo er über Kurzeinsätze nicht hinaus käme."

„Ich gehe jetzt zur U21 und werde abwarten, was passiert", erklärte Podolski. Dumm nur, dass er im ersten Spiel der EM wegen einer Leistenzerrung aussetzen musste. So konnte er sich natürlich nicht empfehlen. Seine Mannschaft schied dann schon in der Gruppenphase aus.

Offiziell wollte es U21-Coach Ulli Stielike seinen beiden Spielern zu Pfingsten noch nicht sagen, doch die Nachricht sprach sich im EM-Quartier der deutschen Junioren wie ein Lauffeuer herum: Bastian Schweinsteiger und Lukas Podolski standen unmittelbar vor der Nominierung für die „große" Europameisterschaft in Portugal. Nach dem Testspiel gegen die Schweiz (2:0) nominierte Rudi Völler auch Podolski und Schweinsteiger für die EM.

Bei der EM-Generalprobe gegen Ungarn feierte Lukas Podolski zwei Tage nach seinem 19. Geburtstag seinen Einstand in der Nationalelf. Er war nun der drittjüngste deutsche Nationalspieler überhaupt. Nur Uwe Seeler mit 17 Jahren und 11 Monaten sowie Olaf Thon mit 18 Jahren und sieben Monaten waren bei ihrem Einstand im DFB-Team jünger gewesen. Für Podolski ging alles rasend schnell: „Vor sieben Monaten habe ich noch vor 200 Zuschauern in der A-Jugend gespielt, jetzt spiele ich mit den besten Spielern Deutschlands."

Die Premiere ging allerdings daneben. 0:2 verloren die Deutschen, und auch der Kölner hatte keine Akzente setzen können. Es sei trotzdem eine große Ehre für ihn gewesen, für Deutschland zu spielen, erklärte Podolski. Bei seiner Einwechslung war er von den deutschen Fans stürmisch bejubelt worden. Auch Schweinsteiger hatte sein Debüt gefeiert. „Das Debüt der beiden war in Ordnung. Ich hätte ihnen ein Törchen gegönnt", erklärte Teamchef Völler nach dem Spiel.

Die Aussichten, Europameister zu werden, waren für die Deutschen nicht gerade rosig. Fußball sei interessanter als die Formel 1, meinte Völler trotzig. „Es gewinnt eben nicht immer der Beste." Wie bei der WM vor zwei Jahren, als Deutschland erst im Finale bezwungen werden konnte, wollte Völler ein Team formen, das „schwer zu schlagen ist". Die Franzosen seien durch ihre spielerische Klasse allen etwas enteilt, aber die anderen Nationen „werden sich noch umschauen", hoffte Völler. Der Teamchef setzte dabei vor allem auf sein WM-Mittelfeld mit Hamann, Frings, Schneider und Ballack.

Beim EM-Auftakt schmorte Lukas Podolski auf der Bank. Beim 2:2 gegen die Niederlande war es Kumpel Schweinsteiger, der für 22 Minuten auf den Platz durfte. Unumwunden gab Podolski zu, ihn darum beneidet zu haben. „Der Schweini hat gut gespielt, und ich hätte gerne mit ihm getauscht."

Auch gegen Lettland musste Podolski mit der Bank vorliebnehmen. 0:0 stand es nach neunzig Minuten, und die deutschen Fans hatten umsonst die Einwechslung des Kölners gegen die extrem defensiven Letten verlangt. Warum gab ihm Völler keine Chance? Eine Erklärung blieb der Teamchef schuldig. Die Stürmer, die er auf den Platz geschickt hatte, bissen sich jedenfalls am lettischen Abwehrriegel die Zähne aus. Klose und Brdaric, die für Bobic und Kuranyi kamen, waren keinen Tick gefährlicher.

Jetzt ging es gegen Tschechien im dritten Spiel schon um alles. Am letzten Vorrundenspieltag ereilte die deutsche Nationalmannschaft bei der Euro 2004 das gleiche Schicksal, wie schon die Teams der Mitfavoriten Spanien und Italien zuvor: mit der 1:2-Niederlage gegen Tschechiens Reserveelf, bei der die Osteuropäer erneut einen Rückstand aufholten und die Partie in Lissabon drehten, rutschten die Deutschen auf den dritten Platz in der Gruppe D ab, während die Niederlande in Braga gleichzeitig zu einem ungefährdeten 3:0-Sieg über Lettland kamen. Eine Viertelstunde vor Schluss, als die Deutschen den tschechischen

Strafraum regelrecht belagerten, setzte der eingewechselte Milan Baros zu einen unwiderstehlichen Alleingang an, ließ alle Gegenspieler stehen und zog dann aufs Tor ab. Der Ball prallte von Kahn zurück und im Nachschuss markierte Baros sein drittes Tor im dritten Spiel bei diesem Turnier. Und Lukas Podolski? Eingewechselt wurde er, blieb aber wie seine Sturmkollegen vor dem Tor der Tschechen absolut harmlos. Zumindest seine Eckstöße sorgten für Gefahr.

     Nach dieser großen Enttäuschung lautete nun die Aufgabe, bis zur Fußball-Weltmeisterschaft Deutschland 2006 eine Mannschaft aufzubauen, in der junge Talente wie Bastian Schweinsteiger, Philipp Lahm, Lukas Podolski und andere dafür sorgen können, dass Deutschland wieder ein gefürchteter Gegner wird. Rudi Völler sah sich der Aufgabe wohl nicht gewachsen, jedenfalls erklärte er noch vor dem Ende der EM seinen Rücktritt. Es kam Jürgen Klinsmann, der in den nächsten Jahren den Weg Podolskis nicht nur in der Nationalelf, sondern auch beim FC Bayern München kreuzen sollte.

     Nach der Super-Saison für Lukas Podolski klopften die ersten Spitzenvereine an die Tür der Kölner. Vielleicht glaubten sie, nach dem Abstieg des FC würden sie den 19-jährigen zum Schnäppchenpreis bekommen. Champions-League-Finalist AS Monaco bekundete zum Beispiel sein Interesse. Podolski-Berater Norbert Pflippen hatte bereits Gespräche mit den Monegassen geführt. Allerdings betonte Podolski, dass ein solcher Transfer für ihn nicht in Frage komme. Kurz nach seiner Wahl zum Präsidenten des 1. FC Köln erteilte auch Wolfgang Overath einem Wechsel des Nationalspielers eine Absage. „Auch wenn ein Verein noch so viel Geld bietet, werden wir ihn nicht abgeben. Wir können nicht sagen, dass wir auf die Jugend setzen und dann unseren hoffnungsvollsten Spieler abgeben", sagte der Weltmeister von 1974.

Der Marktwert Podolskis lag jetzt wohl bei acht Millionen Euro. Dass sich Podolski trotz des Abstiegs weiter felsenfest zum 1. FC Köln bekannte, schwang in vielen seiner Aussagen mit. Die Stimmung im Estadio Dragao von Porto beim EM-Spiel gegen die Niederlande beschrieb er grinsend: „Da war eine Superathmosphäre, fast so wie in Köln. - Nö, war nur Spaß."

In Köln war die Euphorie trotz des Abstiegs ungebrochen. Das hatte nur einen Grund: die Poldi-Mania. Das lag wohl auch an der Eigenart der Kölner, sich aus geringsten Anlässen furchtlos in emotionale Höhen zu begeben. Auch vor Lukas Podolskis Elternhaus machte die Euphorie nicht Halt. „Mit den Kameraleuten und einigen Journalisten bin ich ja schon per Du", meinte Vater Podolski. Immer wieder klingelte das Telefon oder die silberne Klingel an der Haustür des kleinen Reihenhauses in Bergheim bei Köln. „Ich kann ja die Leute nicht wegschicken", erklärte der Vater. Und so gab er „mal vor, mal nach der Arbeit" Interviews über seinen Sohn, der derweil ungestört in seinem Zimmer saß und polnischen Hiphop zur Entspannung hörte.

Bei einer Autogrammstunde während der offiziellen Saisoneröffnung kam es zu Tumulten, sodass Podolski forderte, der ganze Hype um seine Person solle doch bitte etwas heruntergeschraubt werden. Der Star selber tat sich schwer damit, Nein zu sagen, also war es sein Arbeitgeber, der in der Woche vor dem Saisonstart alle seine Termine strich. Dass der Klub fast 20.000 Dauerkarten für die Zweitliga-Saison verkaufte, nahm man natürlich gerne in Kauf.

Was faszinierte die Menschen so an Lukas Podolski, sodass Adidas ihn als einzigen Deutschen in seine Imagekampagne neben Weltstars wie Del Piero oder Trezeguet schickte? Er ist ja eigentlich eher ein Anti-Star. Auf dem Feld ein Stürmer, beim Reden mit Journalisten eher der Verteidiger. Die Begeisterung für Podolski war kein regionales Phänomen, beim Länderspiel gegen Brasilien wurde er von den Zuschauern im Berliner Olympiastadion schon vor seiner Einwechselung gefeiert. Es gab eine Publikumsbefragung, nach der Podolski hinter Michael Ballack und Oliver Kahn schon der drittpopulärste deutsche Spieler war. Vielleicht befriedigte der Junge in seiner schlichten Direktheit und seinem Wunsch, nur als Fußballspieler gesehen zu werden, eine tiefe Sehnsucht des Publikums. Die Sehnsucht nach dem Fußballspieler alten Zuschnitts, der noch kein Popstar war. Podolski war demnach Uwe Seeler näher als David Beckham.

Podolski trug einen Schutzschild aus Einfachheit, Ehrgeiz und Herzlichkeit. Er macht sich seine

Welt nicht unnötig kompliziert. Vielleicht hatten sich die Menschen nach einem wie ihm gesehnt, dem Platitüden fremd sind und der sein gesamtes Tun auf den Fußball reduziert. Und der noch für so etwas wie Verlässlichkeit steht.

Allerdings mussten die weiblichen Fans zur Kenntnis nehmen, dass „Prinz Poldi" mit der ebenfalls in Oberschlesien geborenen Monika seine „Prinzessin" gefunden hatte. „Für mich war wichtig, eine Frau an meiner Seite zu haben, mit der ich auch Polnisch reden kann", sagte er angeblich der *Bild-Zeitung*. Wenige Monate später richtete er sich mit ihr schon eine 90-qm-Wohnung in Bergheim ein, also in der Nähe der Eltern. Den Medien gelang es nur mühsam, Details aus dem Privatleben des Stars zu ergattern. Die Familie war für ihn Tabu, da sollte die Presse ihre Nase raushalten. Privat machte der Jungstar auch in den folgenden Jahren keine Schlagzeilen. Dass die weiblichen Fans bei ihm kreischen wie bei einem Popstar, war ihm auch später völlig egal. „Ich brauche nicht mehr auf andere Mädels zu achten. Ich habe meine Freundin Monika und bin sehr glücklich mit ihr. Für andere Frauen interessiere ich mich nicht!", erzählte er den BRAVO-Lesern.

Im Juni entließ der FC den erfolglosen Trainer Marcel Koller. Neuer Coach wurde der kantige Huub Stevens, der einst mit Schalke 04 Uefa-Cup-Sieger geworden war. Ihm war klar, dass er im Falle eines gescheiterten Aufstiegs gleich wieder seine Koffer würde packen müssen.

Doch die Konkurrenz war hart. Es war vielleicht die attraktivste Zweite Liga aller Zeiten. Nicht nur der Traditionsverein Köln war mit von der Partie, sondern auch die Frankfurter Eintracht und der TSV 1860 München. Insgesamt elf Ex-Bundesligisten balgten sich um den Aufstieg.

Die Mission Wiederaufstieg lief für den 1. FC Köln, der den höchsten Saisonetat aller Teams hatte, dann auch schleppend an. Niederlage gegen Burghausen! Der erste Saisonsieg klappte erst am dritten Spieltag, und auch da traf Lukas Podolski zuerst das leere Tor nicht. In der 80. Minute reichte es dann doch noch für einen Treffer gegen Mitabsteiger Frankfurt. Davor hatte er im Pokal beim 4:1 gegen den 1. FC Saarbrücken, auch so ein abgestürzter Traditionsverein, alle Treffer für Köln erzielt. Ganz der Alte war er wohl noch nicht, ihm fehlte noch die Explosivität.

Harte Zeiten in Köln. Trainer Stevens macht zudem seinem Namen als „Schleifer von Köln" alle Ehre. Mal ließ er die Mannschaft auf einem Aschenplatz trainieren, um ihnen wieder den nötigen Respekt für das Spiel zu verschaffen. Ein anderes Mal moserte Stevens Podolski an, da er noch ein Interview gegeben hatte und deshalb zu spät in die Kabine kam. Selbst die Tore, die der Nationalspieler für seinen Verein schoss, genügen Stevens nicht: „Wenn er gegen Frankfurt gut gespielt hätte, hätte er drei Tore gemacht." Zumindest hatte Stevens nichts gegen Podolskis Einsätze im Nationalteam.

In der Nationalelf gab ihm der neue Teamchef Jürgen Klinsmann eine Chance. Obwohl es immer wieder Diskussionen gab, ob es denn richtig sei, jemanden aus der zweiten Liga im Nationalteam spielen zu lassen. Doch Klinsmann als kluger Analytiker wusste, dass Podolski vielleicht der modernste Stürmer war, den Deutschland zu diesem Zeitpunkt hatte. Er war robust, sein linker Fuß und seine Schnelligkeit außergewöhnlich. So war er wie geschaffen für den Power-Fußball, den der neue Teamchef seiner Mannschaft verordnete.

Dass er noch nicht perfekt war, wusste Lukas Podolski natürlich: „Ich muss noch an meinem rechten Fuß und dem Kopfball arbeiten." Und er wollte dabei helfen, die Euphorie im Gastgeberland der nächsten WM hoch zu halten. Der DFB verlegte im Dezember sogar ein Ligaspiel, damit der Kölner an der Asienreise der Nationalelf teilnehmen konnte. Verlängerten Weihnachtsurlaub gab es auch. Kein Wunder, dass der ganze Rummel Kölns Coach Stevens eher mürrisch machte.

In der Liga war es für Lukas Podolskis Verein eher ein Krampf. Die Qualität der Spiele überzeugte nicht, oft musste man einem Rückstand hinterherlaufen. Köln lebte im Kampf um den Wiederaufstieg fast allein von den Toren des 19-Jährigen. Ende Oktober hatte er bereits 13 Pflichtspieltreffer in der Saison erzielt. Drei Mal zum Beispiel gegen Oberhausen. Natürlich führte er die Torjägerliste in der Liga an. Zwar versuchte es Stevens mit Podolski auch im schwach besetzten Mittelfeld, aber das klappte nicht so. Seine Berufung war nun einmal der Sturm.

Podolskis Rezept war simpel: „Ich versuche, aus jeder Chance ein Tor zu machen." Dass er das lieber in der Eliteliga täte, verhehlte er nicht, sagte aber auch eindeutig, eine Spielzeit in der 2. Liga sei für ihn kein verlorenes Jahr. Wenn es bei einem Jahr blieb. Aber die Aussichten waren nicht schlecht, denn Köln setzte sich im Oktober auf einem Aufstiegsplatz fest.

Jede Verletzung des Stürmers, so zum Beispiel eine Knochenabsplitterung im Fuß im November, sorgte für Panik in Köln. Eifrig bemühte man sich um eine Verlängerung des Vertrages, der aber ohnehin bis ins Jahr 2007 lief und auch keine Ausstiegsklauseln hatte. So treu war er seinem Verein. Aber die Bosse hatten trotzdem Angst, es könne jemand mit einem prall gefüllten Geldkoffer kommen und den Star für die Zeit nach 2007 an sich binden. Manchester United zum Beispiel, das zum Spiel gegen Frankfurt im Februar seinen Chefscout Peter Brown schickte, um ein Auge auf den jungen Star zu werfen, der von seinem Trainer auf eine Stufe mit dem jungen Johan Cruyff, dem jungen Ryan Giggs oder jetzt Wayne Rooney gestellt wurde. Vieles deutete darauf hin, dass Podolski ein Stürmer von internationaler Klasse, vielleicht sogar Weltklasse werden könnte. Er war schnell, körperlich für sein Alter ungeheuer kräftig und technisch hoch talentiert. Seine Schusstechnik war herausragend und sein Abschluss kalt und voller Witz zugleich.

Im Dezember 2004 wurde Lukas Podolski mit großem Vorsprung zum Sportler des Jahres in Nordrhein-Westfalen gewählt. Lohn auch dafür, dass er als Stürmer schöner Tore dreimal das „Tor des Monats" erzielt hatte. Die Ehrung verpasste er freilich, weil er sich mit dem Nationalteam in Asien aufhielt. In der Partie gegen Japan war Lukas Podolski einer von drei Stürmern, allerdings auch der mit Abstand schwächste. Gegen Thailand kam er nach 60 Minuten rein und machte zwei Treffer. Die ersten Tore fürs Nationalteam. „Ich hau' den Ball rein – und Ende", beschrieb er in bekannt ungekünstelter Art seinen Jahresabschluss 2004. Sein Trikot schenkte er anschließend seiner Mutter.

Das Spiel gegen Thailand war so etwas wie ein kleiner Durchbruch in der Nationalmannschaft. Mit seiner direkten und optimistischen Art hatte er sich ohnehin im Schnelldurchlauf einen Stand bei den Kollegen erarbeitet. Er war unheimlich akzeptiert in der Gemeinschaft.

Mitte Januar Testspiel gegen den FC Bayern. Vor 46.000 Zuschauern! „Ich hab ja schon fast alles erlebt im Fußball", staunte Huub Stevens, „aber dass ein Freundschaftsspiel ausverkauft ist, das habe ich noch nie erlebt, weder als Spieler noch als Trainer." Nur Lukas Podolski war nicht dabei, wegen eines blöden Trainingsunfalls. Vielleicht verlor sein Team deshalb 0:1.

Für Coach Stevens war die zweite Liga sowieso wichtiger. Dort kehrte der FC Ende Januar nach einem Kantersieg gegen Burghausen an die Tabellenspitze zurück. Beim 8:1 machte Lukas Podolski seine Saisontore Nummer 14 und 15. Schon eine Woche zuvor hatte er beim 5:3 gegen Energie Cottbus vier Treffer erzielt. Die Kölner zeigten phasenweise ein brillantes Kombinationsspiel. Der Coach hatte in den vergangenen Monaten hervorragende Arbeit geleistet.

Trotzdem war für Lukas Podolski nicht alles eitel Sonnenschein auf dem Rasen. Natürlich wurde der Torjäger gejagt. Im Februar verpasste er deshalb das Länderspiel gegen Argentinien. Aleksandar Vasoski, Verteidiger bei Eintracht Frankfurt, hatte den Kölner mit einer Blutgrätsche mazedonischer Machart gefällt. Vasoski trat solange auf den Kölner Berufskollegen ein, bis der endlich kaputt war. Einblutung in der Wade, lautete die Diagnose. Großer Aufschrei in der Öffentlichkeit. Lukas Podolski dürfe kein Freiwild werden. Der Gefoulte sah es lockerer: „Das sind halt Zweikämpfe. Und ich nehme Zweikämpfe gern an", meinte er. „Aber wenn du dauernd von hinten weggetreten wirst, normal ist das nicht." Zwei Tage später griff er im Training schon wieder voll an.

Dass Erfolg auch sehr viel Neid erzeugt, zeigten die Hassgesänge, mit denen er immer häufiger von gegnerischen Fans bedacht wurde. „Ich kann's nicht ändern. So ist das halt: In England werden die Stars überall gefeiert, bei uns wirst du beworfen und beschimpft."

Die Kölner Konkurrenz um den Aufstieg in die erste Liga schwächelte. Anfang März hatte der FC sieben Punkte Vorsprung auf einen Nicht-Aufstiegsplatz. Das bedeutete freilich nicht, dass die Kölner mit Hurra-Fußball durch die Liga marschierten. Häufig fragte Trainer Stevens öffentlich, was die Kölner dort oben in der Tabelle eigentlich zu suchen hätten. Auch Lukas Podolski spielte nicht immer stark, vor allem wenn aus dem Mittelfeld keine Pässe kamen. Hinzu kam, dass sich immer mehr ein Abschied des Trainers aus Deutschland andeutete. Stevens wollte sich lieber um seine kranke Frau kümmern.

Aus der Nationalmannschaft war der 19-jährige Lukas Podolski kaum noch wegzudenken. Sein 1:0 gegen Slowenien Ende März sicherte dem DFB den Sieg in einem schwachen Spiel der deutschen Mannschaft. Auch unter Klinsmann zeigen die Deutschen noch viel zu oft Rumpelfußball.

Auch wenn Podolski nicht immer alles gelang, stimmte zumindest sein Einsatz. Damit zahlte er den Vertrauensvorschuss zurück, den der Teamchef ihm gegeben hatte. Klinsmann: „Es macht uns einfach Spaß, den Kerl zu beobachten." Der Teamchef ermutigte ihn, seine Art Fußball auch im Dress der Nationalmannschaft zu spielen: mit Instinkt, Dynamik und einer gewissen Frechheit im Spiel. Dinge, die man nicht lernen kann, sondern im Blut haben muss.

Mit seinen Leistungen in der Nationalelf bewies Lukas Podolski jene Konstanz auf hohem Niveau, die man braucht, um sich bei einem Spitzenverein durchsetzen zu können. Im April bestätigte der FC Bayern München erstmals konkret, dass man Interesse an einer Verpflichtung hatte. Nicht sofort, aber 2007 wollte man ihn holen. Also nach Vertragsende. Wahrscheinlicher war, dass Lukas Podolski schon ein Jahr früher für eine anständige Summe Köln verlassen würde. Wenn er denn wollte.

Anfang April trat Lukas Podolski seinen Zivildienst an. Der 19-Jährige erschien beim Olympiastützpunkt der Region Köln, Bonn und Leverkusen pünktlich zum Dienst, wo ihn sieben Kamerateams erwarteten. „Was ist denn hier los?" fragte er ziemlich amüsiert. Es wurde extra eine Pressekonferenz abgehalten. Warum er denn nicht zur Bundeswehr wolle, fragte man ihn. Weil er gegen Krieg sei, antwortete er. Etwas belächelt wurde er damals für diese Aussage, denn zum Beispiel der Einsatz deutscher Soldaten in Afghanistan galt damals noch nicht als Krieg. Heute weiß mans besser.
Ein bisschen privilegiert war der Kölner Stürmer mit seinem Bürojob natürlich schon gegenüber Gleichaltrigen. Schließlich wollte niemand die Karriere des Nationalstürmers für ein ganzes Jahr unterbrechen. Deshalb waren seine Arbeitszeiten flexibel, damit er kein Training verpasste. Das ist in der Sportförder-Kompanie der Bundeswehr allerdings auch nicht anders.

Für seinen Heber gegen den 1. FC Saarbrücken kürten ihn die Zuschauer der „ARD Sportschau" zum Torschützen des Monats. Es war bereits seine fünfte Auszeichnung, was den knapp 20-jährigen in der ewigen Bestenliste ziemlich weit nach vorne brachte. Vor ihm standen jetzt bloß noch Klaus Fischer, Mario Basler und Karl-Heinz Rummenigge mit jeweils sechs Auszeichnungen sowie Bundestrainer Jürgen Klinsmann mit sieben.

Ende April eroberte Köln mit einem Sieg gegen Unterhaching die Tabellenführung zurück. Als der knappe Sieg unter Dach und Fach war und der scheidende Trainer Huub Stevens gefeiert wurde, forderten die Fans mit Sprechchören ihren Wunschtrainer Christoph Daum.

Ausgerechnet vor dem entscheidenden Spiel um den Aufstieg gegen Erzgebirge Aue knickte Lukas Podolski im Training um. Auf der Zielgeraden der Saison bekam die medizinische Abteilung des 1. FC Köln noch einmal viel Arbeit. Und so fehlte der Star, als seine Mannschaft im Erzgebirge vor tausend mitgereisten Anhängern den Aufstieg perfekt machte. Nach 2000 und 2003 war der FC zum dritten Mal aufgestiegen.

Es folgte eine irre Nacht, in der sich zeigte, wie sehr dieser Verein Menschen bewegen kann. Tausende Fans am Flughafen, noch mehr am Geißbockheim und die totale Glückseligkeit. Die Spieler ließen den Rest ihrer Fassung fahren, sprangen hinaus, fotografierten sich und die Menge mit ihren Handys. Der sonst so spröde Huub Stevens schwenkte wie besessen eine überdimensionale Vereinsfahne und sagte mit einer Riesenzigarre im Mund: „Was Köln hier beim Aufstieg zeigt, das habe ich zuletzt in Schalke beim Gewinn der Uefa-Pokals erlebt." Kaum war Lukas

Podolski eingetroffen, wurde auch er mit Bier übergossen. Ohne seine 24 Tore wäre der FC niemals aufgestiegen.

Das eine Jahr Zweitklassigkeit hatte Podolski mehr genützt denn geschadet. Er hatte Zweikampfhärte gewonnen, seine Torjägerqualitäten verbessert und Spielpraxis sammeln können. Kumpel Bastian Schweinsteiger hingegen war beim FC Bayern vor allem Ersatzspieler gewesen. Ob Lukas Podolski das registriert hat?

Die Saison war aber keineswegs beendet. Es wartete noch der Confederations Cup im eigenen Land, die WM-Generalprobe für das nächste Jahr. Im ersten Spiel quälte sich das DFB-Team zu einem 4:3 gegen Australien. Allenfalls mit Einzelaktionen durch Podolski und dessen kongenialen Partner Schweinsteiger machte die DFB-Auswahl positiv auf sich aufmerksam. Das 4:2 ging auf das Konto des Kölners.

Kein Zweifel mehr. Lukas Podolski war Stammspieler der deutschen Fußball-Nationalmannschaft. Und der Wettbewerb zeigte, wie beliebt er mittlerweile in ganz Deutschland war. Beim ersten Auftritt der deutschen Mannschaft während des Konföderationen-Cups wurde die Nummer 20 vom Frankfurter Publikum bei jeder Ballberührung gefeiert. Michael Ballack hingegen musste sich am Ende sogar Pfiffe anhören.

Gegen Tunesien ging es nun um den Einzug ins Halbfinale. Für Podolski ein Heimspiel. Als der Stadionsprecher den Namen Lukas Podolski verlas, brüllten mehr als 44.000 Zuschauer im Kölner Stadion derart, als hätte er gerade Deutschland zum WM-Titel geschossen. Gleich zu Spielbeginn hatte er ein paar gute Szenen. Nach 47 Sekunden nahm der junge Mann mit der Rückennummer 20, wie sein Alter, den Ball mit der Hacke an. Sofort waren drei Tunesier da – Foul. Kurz darauf gewann Podolski einen Zweikampf und spitzelte den Ball auf Gerald Asamoah weiter, der allein auf das gegnerische Tor zulief – und hängen blieb. Und in der fünften Minute wurde er von seinem Gegenspieler Jaidi unsanft von den Beinen geholt. Die Zuschauer schrieen entsetzt auf. In der Folgezeit tauchte Podolski unfreiwillig ab. Die deutsche Mannschaft hatte Schwierigkeiten, das Spiel in die Hälfte der Tunesier zu verlagern. Nach einer präzisen Flanke Deislers kurz vor der Halbzeit stand Podolski plötzlich frei vor dem Torwart. Und er zeigte, wie er seine Tore zu schießen pflegt: eiskalt. Leider stand er im Abseits. Die zweite Hälfte sollte besser werden. Den ersten Schuss feuerte er aus 20 Meter Entfernung ab. Ein Warnschuss für die Nordafrikaner. Dieser Bursche kann richtig hart schießen. Als ihm aber in der 67. Minute ausgerechnet sein Freund Bastian Schweinsteiger den Ball von den Füßen nahm, um selber zu schießen, pfiffen die Zuschauer. Podolski gab nicht auf. Nur fünf Minuten später bediente er im Strafraum Ballack, und weil der gefoult wurde, gab es Strafstoß. Den schoss der Chef selbst – und Tor. Deutschland führt. Zehn Minuten vor dem Ende hatte Podolski seinen besten Auftritt. Er nahm im Halbfeld einen Pass von Deisler an, erfasste die Situation, machte eine Körpertäuschung und produzierte einen Traumpass auf Schweinsteiger, der in die Gasse lief und so allein vor dem Torwart stand – 2:0. Das Spiel war gelaufen. Jürgen Klinsmann wollte dem Stürmer noch einen passenden Abschied gönnen – er nahm ihn fünf Minuten vor Ende vom Feld. Das Publikum erhob sich aus den Sitzschalen und spendete Applaus.

Im Halbfinale war gegen die spielerisch klar stärkeren Brasilianer Endstation. 2:3 hieß es am Ende, und auch der zwischenzeitliche Ausgleich durch Lukas Podolski konnte die Niederlage nicht abwenden.

Der Hype um Lukas Podolski erreichte nach dem Confed Cup einen neuen Höhepunkt. In Köln sorgte man sich schon, dass ihm dies auf die Psyche schlagen könnte. „Lasst den Lukas in Ruhe Fußball spielen!", forderte Boss Overath. Die Fußball-Deutschen hatten ein neues Lieblingspaar: Lukas Poldolski und Bastian Schweinsteiger hießen die beiden kessen Jungs, die allerorten nur noch „Poldi & Schweini" genannt werden.

Poldis coole Sprüche, die er vor laufender Kamera von sich gab, waren stets in reinstem Bergheimer Akzent gesprochen und von einem spitzbübischen Grinsen begleitet. Zumindest in Köln war diese Eigenart schnell absolut angesagt: Die Fans wechselten automatisch in den Kölsch-Slang, wenn von Poldi die Rede war.

2.

Der lange Abschied aus Köln

2.

Wie sollte es in Köln weitergehen? In seinen ersten beiden Spielzeiten als Profi war Podolski eine Naturerscheinung auf dem Rasen, wie man es bei einem Nachwuchsspieler in Deutschland selten gesehen hatte. Allein die spektakuläre Serie beim „Tor des Monats" war unglaublich. Aber im Rest der Mannschaft versteckte sich viel Mittelmaß.

Umso verlockender mussten für ihn die Angebote aus München klingen. „Er passt gut zu uns, und ich glaube, da müssen die Kölner auf ihn aufpassen", bekundete Bayern-Manager Uli Hoeneß im „ZDF-Sportstudio" weiterhin Interesse an dem Stürmer-Star des künftigen Erstligisten. In unregelmäßigen Abständen verkündeten Zeitungen den vorzeitigen Wechsel Podolskis nach München, aber nichts davon war wahr. Wolfgang Overath („Ich war ja auch meine ganze Karriere beim FC") gab sich sogar überzeugt, dass Podolski seinen Vertrag verlängern würde, weil er doch hier in Köln daheim sei. Ein Verbleib des neuen nationalen Idols beim FC hätte aber allen Naturgesetzen der Branche widersprochen.

Da war auch noch die Trainerfrage. Der scheidende Trainer Huub Stevens machte sich Sorgen um den Nationalstürmer. „In einer Phase, in der er eigentlich noch lernen muss, absolviert er zu viele Termine abseits des Platzes. Das geht zu Lasten der Konzentration. Sein gesamtes Umfeld müsste das besser steuern", sagte Stevens. Die fehlende Frische sei Podolski auf dem Platz zuletzt anzusehen gewesen.

Die Sehnsucht der Kölner Fans nach Christoph Daum war vorerst finanziell schlicht unerfüllbar. Für die Fans war die Geldfrage zwar ein banales Problem, das man einfach ignorierte. Aber die Vereinsführung konnte dies nicht und holte den zweitligaerfahrenen Uwe Rapolder. „Lukas steht vor einem ganz schweren Jahr", erklärte der neue Trainer, „auch er wird jetzt die Schattenseiten der Popularität spüren. Wir müssen damit rechnen, dass er auch einmal sportlich in ein Loch fällt." Besser, man stellt sich jetzt schon darauf ein. „Ich erwarte keine Wunderdinge von Lukas, zumal er noch gar nicht ausgereift ist", sagte Rapolder, „er soll sich voll in die Mannschaft einbringen, dann bin ich zufrieden."

Von seinem Team war der 47-Jährige sehr angetan. „Ich sag jetzt ganz ehrlich, dass ich so eine Gruppe noch nicht hatte. Wie motiviert sie sind, ist außergewöhnlich. Normalerweise hast du immer ein paar, die nicht mitziehen, aber hier hängen sich wirklich fast alle mit einer Leidenschaft rein, die absolut außergewöhnlich ist." Rapolder konnte mit seiner optimistischen Art die Stimmung in der Mannschaft wesentlich verbessern. Unter dem übellaunigen Vorgänger war sie am Ende ziemlich verdorben gewesen. Und Stimmung ist wichtig in Köln.

Profis wie Matthias Scherz und Christian Springer, die maßgeblich für drei Aufstiege, aber eben auch für zwei Abstiege des 1. FC Köln verantwortlich gewesen waren, mussten gehen. Mit Peter Madsen (Bochum) und Imre Szabics (Stuttgart) kamen dafür zwei solide Erstliga-Mittelstürmer. Aus Siegen kam Außenstürmer Patrick Helmes. Aber die gesamte Saisonvorbereitung stand im Schatten der Spekulationen um Lukas Podolskis Zukunft. Der Rest der Mannschaft muss sich ganz klein vorgekommen sein. Vor dem Saisonstart wurde Uwe Rapolder der Wirbel zu groß. „Ich gehöre zu den Leuten, die das Team im Vordergrund sehen", polterte er. „Deshalb ist es nicht richtig, immer nur über Lukas Podolski zu reden. Das mache ich nicht mit."

25.000 Dauerkarten hatte der Verein verkauft, bevor der Verkauf gestoppt wurde. Köln wollte mit jungen deutschen Spielern und attraktivem Fußball zum Markenzeichen in der Liga werden. Und es ging auch gut los. 1:0 gegen Mainz, die andere Karnevals-Hochburg. Den Siegtreffer verfolgte Lukas Podolski von der Bank aus. Nach achtzig Minuten hatte er entkräftet das Feld verlassen müssen.

In Stuttgart war Podolski aber schon wieder der überragende Mann im Trikot der Rheinländer und führte den FC zum zweiten Sieg im zweiten Spiel. Das war den Kölnern zuletzt vor neun Jahren gelungen. „Ich bin zwar noch nicht zu 100 Prozent fit, mir fehlen noch zwei, drei Wochen. Aber ich wollte den FC führen und der Mannschaft zum Sieg verhelfen", erklärte der für den verletzten Björn Schlicke als Kapitän aufgelaufene Publikumsliebling. Diesmal glänzte er nicht als Torschütze, sondern als genialer Vorbereiter. Mit stolzgeschwellter Brust verließ Podolski das Stuttgarter Gottlieb-Daimler-Stadion. Coach Rapolder lobte dann vor allem, dass sich der Star in den Dienst der Mannschaft gestellt habe.

Ernüchterung dann nach der 2:3-Heimniederlage gegen Kaiserslautern. Als Sündenbock musste der Schiedsrichter herhalten. Von Dr. Helmut Fleischer fühlten sich die Kölner schon seit Jahren verfolgt. 0:2 lagen die Kölner zurück, bis sie eine beeindruckende Aufholjagd starteten. Lukas Podolski gelang in der 90. der Ausgleich. Dann ließ sich Kaiserslauterns Ferydoon Zandi nach einer Berührung von Christian Springer an der Schulter spektakulär zu Boden fallen. Elfmeter. Tor. Spiel verloren. Nach einer ähnlichen Sache war Köln 2002 abgestiegen. Coach Rapolder stürmte nach dem Abpfiff wild gestikulierend auf den Schiri zu und belegte ihn mit wenig druckreifen Worten.

Trotz seines überragenden Auftritts beim 3:2 in Stuttgart wurde Lukas Podolski für das Länderspiel in den Niederlanden nicht nominiert. Zu groß war noch der Trainingsrückstand. Er war damit einverstanden.

„Ich denke, die wissen, was sie an mir haben. Die haben schon genug Spiele gesehen." Franz Beckenbauer war da ganz anderer Meinung. Er kritisierte Klinsmann dafür, im Klassiker gegen die Oranjes nicht in Bestbesetzung antreten zu wollen. Ein netter Versuch vom „Kaiser", Lukas Podolski für den FC Bayern einzunehmen.

Für die Freundschaftsspiele gegen die Slowakei und Südafrika Anfang September wurde Podolski natürlich wieder nominiert. Er blieb nicht der einzige Kölner: Lukas Sinkiewicz begleitete ihn. Der Durchbruch im Dress der Nationalmannschaft blieb dem anderen Lukas aber verwehrt.

Gegen die Slowakei kam Lukas Podolski erst in der zweiten Hälfte zum Einsatz. 0:2 lautete am Ende das ernüchternde Ergebnis. Gegen Südafrika war Klinsmann schlauer und brachte den Kölner von Beginn an. Diesmal stand es am Ende 4:2. Drei Tore schoss Podolski selber (11. Minute, 48., 55.); das von Tim Borowski (47.) bereitete er mit einem feinen Pass vor. Mit seinem Spiel (so der feine Lupfer zum 1:0) und seinem Jubel zeigte Podolski, dass er der wahre deutsche Spaßfußballer ist. Was für eine Freude nach jedem Treffer, ganz anders als bei Borowski, der sein erstes Länderspieltor mit norddeutscher Nüchternheit zur Kenntnis nahm.

Es waren aber zwei, drei Sekunden nach dem Spiel, in denen Podolski für den schönsten Moment des Abends sorgte. „Und dann wollte ich noch meine Mutter in Bergheim grüßen, die am Sonntag Geburtstag hat", sprach er dem verdutzten Fernsehmann ins

Mikrofon. Nach dem Abpfiff in Bremen wurde Podolski von beinahe jedem Südafrikaner um Trikottausch gebeten – alle gingen leer aus. Der Mann des Abends überreichte sein verschwitztes Jersey dem Schiedsrichter Gregorz Gilewski – einem Polen.

Lukas Podolskis glänzende Auftritte in der Nationalmannschaften befeuerten wieder die Diskussionen über einen Wechsel des Stürmers. Eine vorzeitige Vertragsverlängerung (Overath hatte einen Zehnjahresvertrag ins Spiel gebracht), die ihm die Vereinsbosse aufschwatzen wollten und mit erheblichen finanziellen Zusagen verbanden, lehnte Lukas Podolski ab. Stattdessen wollte er die sportliche Entwicklung seines Vereins abwarten. Auch sein Kultstatus in Köln machte ihm mittlerweile zu schaffen. Er sei zwar gerne in der Domstadt. „Aber mein Leben hat sich im Vergleich zu früher schon sehr geändert. In Ruhe in die Stadt zu gehen, ist nicht mehr", beklagte sich der Stürmer über die vielen Autogrammjäger.

Die ganze Diskussion über einen Wechsel ging scheinbar spurlos am Star vorbei. Mit einem 2:1 gegen Gladbach ließen die Kölner die ganze Aufregung erst einmal hinter sich zurück. Lukas Podolski steuerte einen spektakulären Treffer bei: Christian Lell flankte gegen desorientierte Gladbacher in den freien Raum, Podolski sprang unbedrängt in die Flugkurve des Balles und stupfte ihn mit dem linken Fuß ins Tor. Neun Punkte aus fünf Spielen war eine gute Bilanz für den ersten Saisonabschnitt.

Dann kehrte Normalität ein. Gegen Hochkaräter wie Leverkusen oder die Berliner Hertha spielten die Kölner zwar gut mit, aber am Ende setzte sich dann doch die spielerische Klasse durch. Die Neuverpflichtungen schlugen nicht ein; eine war schon wieder weg: Murat Yakin. Jetzt kamen Gegner in Reichweite des FC. Der Oktober wurde zum Monat der Wahrheit. Es war eine bittere Wahrheit. Gegen Monatsende standen sechs Niederlagen in Folge auf dem Zettel.

Lukas Podolski schwächelte, was ihm natürlich Kritik vom Trainer einbrachte. Mehrmals gerieten die beiden aneinander. Gegen Hannover fand sich Podolski auf der Bank wieder. Für die Kölner Medien ging das ja nun gar nicht. Sie stellten sich auf die Seite des Jungstars. Rapolder war zunehmend genervt. „Ich bin 50 Jahre und habe keine Lust, mir von 25jährigen Journalisten sagen zu lassen, was ich tun soll und was nicht", schimpfte er. Anfangs hatte man Rapolder als Fußballphilosophen gefeiert. Doch in wachsendem Maße stellte das Publikum Rapolders Systemfußball in Frage. Wer ein Talent wie Podolski hat, Kölns größten Sohn seit Willy Millowitsch, der solle doch aufhören mit dem Quatsch, das Idol in die Spitze oder sonst zu etwas zu zwingen.

Offensichtlich wollte sich auch Podolski seinem Trainer nicht unterordnen, wollte sich als Spaßfußballer keine Laufwege vorschreiben lassen. Es ginge hier nicht um Systemfußball oder irgendeinen Dreckscheiß, wurde er zitiert. Und wenn man Lukas Podolski zu diesem Zeitpunkt Bekenntnisse zu seinem Verein entlocken wollte, bekam man eher gequälte

Antworten. War er in Gedanken schon weg? Als er dann auch noch privat nach Barcelona flog, um sich ein Spiel seines Lieblingsvereins (Köln mal ausgenommen) anzuschauen, bekam er von der Vereinsführung sein Fett weg. Ohne Grund.

Auf dem Platz musste es endlich gelingen, Lukas Podolski in das Spiel zu integrieren. Es musste Schluss damit sein, dass er viertelstundenlang keinen Ball an den Fuß bekam. Er selbst steigerte sich, stellte sich vor allem in den Dienst der Mannschaft. Persönlich glänzte er nur selten. Aber ohne ihn stand der FC auf verlorenem Posten. Als er Mitte Dezember im Spiel in Bielefeld ganz ausfiel und seine Kollegen 2:3 verloren, waren die Tage von Uwe Rapolder gezählt. Drei Siege waren zu wenig. Er musste gehen.

Lukas Podolski stand damit ein bisschen für die Krise seines Vereins, an der er eine Mitschuld trug. Zwar war er mit vier Treffern bei der ARD-Wahl zum „Tor des Jahres" vertreten. Aber nur dank seiner Treffer in der 2. Liga. Bis zur Winterpause hatte er in der ersten Liga nur vier Tore geschossen. Bei anderen Vereinen blieb er aber weiter begehrt. Im Kampf um Podolski warf Ende Dezember auch der Hamburger SV seinen Hut in den Ring. Trainer Thmoas Doll schwärmte von einem sehr guten Gespräch mit dem Noch-Kölner. Im Januar 2006 brachte sich auch Real Madrid ins Gespräch, plante der Verein doch eine Rundumerneuerung seines Kaders. Reals Vizepräsident Emilio Butragueño, früher selbst ein erfolgreicher Torjäger, schwärmt für den Kölner.

Bis Mitte April wolle er sich entscheiden, verkündete Lukas Podolski zu Beginn des WM-Jahres. Dass er den großen Schritt nach Madrid wagen würde, war aber unwahrscheinlich.

In die Rückrunde gingen die Kölner mit einem neuen Trainer: Hanspeter Latour. Das Debüt des heute zu Recht vergessenen Schweizers ging beim 2:4 in Mainz trotz Podolski-Tor in die Hose. Die Defensive war eine einzige Katastrophe. „Wir haben die Schnauze voll", erscholl es aus dem FC-Block. Fünf Punkte betrug der Rückstand auf einen Nichtabstiegsplatz. „Wir haben nicht die Qualität, oben mitzuspielen. Wir werden aber alles versuchen, uns die Qualität zu erarbeiten, um da unten raus zu kommen", versprach der neue Coach.

Auf Lukas Podolski konnte er dabei nicht bauen. Der spielte weiterhin schwach. In nur acht Monaten hatte sich Podolski vom umjubelten Hoffnungsträger des deutschen Fußballs zum Kölner Sorgenkind entwickelt. Als er gegen Gladbach nicht einmal aufs Tor schoss, reichte es auch dem neuen Trainer. „Das ist zu wenig, was Lukas momentan zeigt. Die elf besten Spieler müssen spielen. Dabei geht es nicht darum, ob einer Nationalspieler ist", kündigte Latour mögliche Konsequenzen an. Poldi auf der Bank? Einen Aufschrei bei den Fans hätte das anders als im Herbst nicht mehr ausgelöst. Auch bei ihnen wehte dem Idol ein eisiger Wind ins Gesicht. Man nahm ihm auch übel, dass er sich nicht klar über seine Zukunft äußerte. Und auch in der Nationalelf spielte er schwach. Aber wer wollte es ihm verübeln, dass er sich nach zwei Jahren Top-Leistung eine Auszeit nahm? Bislang hatte noch jeder brillante Fußballer Formkrisen zu durchleiden gehabt. Lukas Podolski war da keine Ausnahme.

Dann wie aus dem Nichts der Paukenschlag. 4:2 in Berlin. Podolski hatte daran den größten Anteil. In der Hauptstadt gelang es ihm endlich wieder einmal, jene Spielsituationen entstehen zu lassen, in denen er zuschlagen konnte. Prompt gewann der aktuell chaotischste und schlechteste Bundesligaverein gegen eine kriselnde Hertha.

Doch der Weg in die Zweitklassigkeit war von Podolskis Team nur kurzzeitig verlassen worden. Gegen den Abstiegskonkurrenten aus Nürnberg lag Köln zuhause nach 22 Minuten und sagenhaften Fehlern schon 0:3 zurück. 3:4 hieß es am Ende. Der Coach klagte: „Ich bin im Moment total zerstört." Seit September hatte Köln nun zuhause nicht mehr gewinnen können.

Die Hoffnung auf Rettung gab man in Köln nicht so schnell auf. Es folgten fünf Spiele ohne Niederlage. Beim 3:1 gegen Duisburg machte Podolski Ende April den Stadionbesuch endlich wieder zu einem Erlebnis. Podolski, der sich kurz zuvor noch von den eigenen Fans hatte auspfeifen lassen müssen, hatte sich gegen alle Widrigkeiten aus dem persönlichen Tief gekämpft. Er hatte sich wieder zum Leader seines Teams aufgeschwungen und näherte sich seiner WM-Form.

Jürgen Klinsmann

Er wird wohl niemals ein Freund von Lukas Podolski werden: Michael Ballack

Nur weil Lukas Podolski wieder in Topform war, hatte der FC noch eine Minichance auf den Klassenerhalt. Als man jedoch hörte, dass auch die Konkurrenten gewonnen hatten, verflog die Jubelstimmung schlagartig. Der FC war nicht mehr zu retten. Es würde kein Happy End für Podolski und seine Fans geben. Mit einem 4:2 gegen Arminia Bielefeld und zwei Toren verabschiedete sich „Prinz Poldi" aus Köln.

Es war kein Abschied für immer, und noch stand ja offiziell gar nicht fest, dass er geht. Jeder wusste, dass Podolski zu den Bayern gehen würde. Er selber sagte ja auch, in höflichem Ton, dass er sich eine weitere Saison in Liga Zwo nicht vorstellen konnte. Auch wenn es sein FC war. Podolski war in Gedanken längst in München und stellte sogar schon Überlegungen zu seiner neuen Rückennummer an. „Ich muss erst mal den Gerd Müller fragen, ob ich seine haben darf. Seine Nummer neun tragen zu dürfen, das wäre ein Traum, eine sehr große Ehre für mich", sagte Podolski in der *AZ*.

Nur eine Vollzugsmeldung über den Transfer wollte einfach nicht zustande kommen. Der FC Bayern bot für den 20-jährigen Nationalspieler 7,5 Millionen Euro, Köln verlangte weiterhin 10 Millionen Euro. Den Bayern riss der Geduldsfaden. Wenn nicht bis zum WM-Eröffnungsspiel feststehe, ob Lukas Podolski nach München komme, werde man halt einen anderen Stürmer holen. Sogar der Teammanager der Nationalelf, Oliver Bierhoff, mischte sich ein und forderte „im Interesse von Lukas" ein schnelles Ende des Transferpokers.

Am 1. Juni wurde der Wechsel verkündet. „Poldi wird immer ein Kölner Junge bleiben", kommentierte FC-Präsident Overath.

Natürlich musste es für Lukas Podolski wie eine Befreiung sein, mit klarem Kopf die WM in Angriff nehmen zu können. Super-Stimmung um die deutsche Elf, nur die Kritik an Lukas Podolski wurde nach ein paar Tagen immer lauter. In den Begegnungen gegen Costa Rica und Polen hatte er seinen gefürchteten Torriecher jeweils im Hotel gelassen. Im Abschluss oftmals zu hastig und ohne Bindung zu seinem Nebenmann, Miro Klose, gehörte er zu den wenigen Enttäuschungen des deutschen WM-Kaders. Als „Null-Tore-Poldi" wurde er schon verspottet. Im Radio machte man sich über ihn lustig und verkaufte das als Satire. Ein Stimmen-Imitator sprach ein Poldi-Tagebuch. Darin wurde Lukas Podolski als Total-Proll lächerlich gemacht, der keinen Satz geradeaus reden kann, der Mitspieler und Klinsmann nur als „Vollidioten" beschimpft.
Im letzten Spiel der Vorrunde gegen Ekuador ging es für die Deutschen um nichts mehr. Klinsmann vertraute weiter auf den Ex-Kölner, den er einen Knipser nannte. Der bedankte sich für das Vertrauen mit dem 3:0.

Im Achtelfinale warteten die Schweden. Nach dem Spiel sprach man in Deutschland vom neuen Traumduo Klose/Podolski. So schnell ging das. Als Podolski in der 74. Minute ausgewechselt wurde, erhoben sich die 66.000 Zuschauer im Stadion in München und applaudierten dem doppelten Torschützen. Dem Deutschen, der aus seinen ersten drei Chancen zwei Tore (4. / 12.) gemacht hatte, zollten auch die Verlierer Hochachtung. „Ich hatte in diesem Moment eine Gänsehaut", verriet der 21-Jährige. Das 2:0 wurde von Miro Klose brillant vorbereitet. Zum ersten Mal in seinem Leben schlug er auch nach einer Torvorbereitung einen Salto.

Die sich kreuzenden Wege der beiden Stürmer waren im Training einstudiert worden. „Wir arbeiten mit Joachim Löw daran", erzählte Podolski: „Wir versuchen, diese Abläufe zu automatisieren." Seit Rudi Völler und Jürgen Klinsmann hatte es so etwas in der deutschen Mannschaft nicht mehr gegeben. Neun Tore hatten „Rudi" und „Klinsi" in gemeinsamen WM-Spielen erzielt, „Miro" und „Poldi" pirschten sich auf sieben Treffer heran.

Im Viertelfinale dann gegen die Gauchos aus Argentinien. Lange stand es schlecht um die Deutschen, die zu gehemmt spielten. Entsetztes Schweigen bei den Millionen Fans im Stadion und beim Public Viewing, als die Südamerikaner kurz nach der Halbzeitpause in Führung gehen. Die Stimmung drohte zu kippen, bis die Gastgeber auf dem Feld zurückschlugen. Ballack, den mittlerweile schon starke Krämpfe plagten und der sich nur noch mit Mühe überhaupt auf dem Rasen halten konnte, flankte in die Mitte, der eingewechselte Tim Borowski verlängerte auf seinen Bremer Mannschaftskameraden Klose und der Torjäger netzte ein. 1:1. Dabei blieb es bis zum Ende der Verlängerung. Elfmeterschießen! Auch Lukas Podolski traute sich und traf eiskalt. Hunderttausende jubelten schließlich beim Fan-Fest am Brandenburger Tor frenetisch, als Jens Lehmann den entscheidenden Elfmeter hielt. Wildfremde Menschen lagen sich in den Armen und schwenken ihre Fahnen in Schwarz-Rot-Gold.

Das Halbfinale gegen Angstgegner Italien wurde zum Krimi. 0:0 nach neunzig Minuten. In der Verlängerung verpasste Lukas Podolski in der 112. Minute die Vorentscheidung. Zwei Minuten vor Schluss dann die kalte Dusche für den WM-Gastgeber. 0:1 durch Fabio Grosso (119. Minute), nur zwei Minuten später der finale Knockout durch Alessandro del Piero. Das Sommermärchen war vorbei.

Im Spiel um den dritten Platz sorgte schließlich Lukas Podolskis zukünftiger Vereinskamerad Bastian Schweinsteiger für Furore. Er erzielte beim 3:1-Sieg gegen die Portugiesen so gut wie alle deutschen Tore. Offiziell wurden ihm allerdings nur die Treffer zum 1:0 (56.) und 3:0 (78.) von der FIFA gut geschrieben, denn der wuchtige Freistoß Schweinsteigers, den Petit (61.) ins eigene Tor lenkte, zählte als Eigentor.

Podolski war der jüngste Akteur, dem jemals die Ehre zuteilwurde, bester Nachwuchsspieler bei einer Fußball-Weltmeisterschaft zu werden. Dabei setzte er sich gegen die späteren Weltfußballer des

Jahres Cristiano Ronaldo (Portugal) und Lionel Messi (Argentinien) durch. Die WM war für Lukas Podolski wie eine Achterbahnfahrt gewesen. 565 von 600 möglichen Minuten hatte er gespielt. Drei Tore hatte er im Turnierverlauf erzielt und seine Kritiker erst einmal zum Schweigen gebracht.

3.

Das große Missverständnis: Lukas Podolski beim FC Bayern München

3.

Was erwartete den WM-Dritten nun in München? In der *Bild am SONNTAG* meinte Bayern-Boss Karl-Heinz Rummenigge: Poldi spielt auf jeden Fall. Man habe nicht vor, ihn auf die Bank zu setzen. Doch Trainer Felix Magath winkte ab: Für Podolski gebe es keine Stammplatz-Garantie! Für Magath zählte allein die Fitness. Doch da der Torjäger wie alle deutschen WM-Teilnehmer erst am 29. Juli zur Mannschaft stieß, war es nicht unwahrscheinlich, dass er den Saisonstart vom Spielfeldrand würde erleben müssen.

Im Ligapokal gelang Lukas Podolski kein Treffer, sodass schon wieder von Formschwäche die Rede war. Seinen Stammplatz beim neuen Arbeitgeber musste er sich noch erarbeiten. In den ersten Ligaspielen blieb die Jokerrolle. Beim Saisondebüt gegen Dortmund durfte er zwei Minuten aufs Feld. Magath machte ihm zwar Hoffnung: Er sei jetzt durchsetzungsfähiger, er komme besser zum Abschluss, als das noch vor Wochen der Fall gewesen sei. Doch trotz des Lobes setzte er ihn wieder auf die Bank. Wenn er dann doch eingewechselt wurde, fehlte meist die Bindung zu den Mitspielern. Seine Bilanz nach fünf Bundesliga-Spielen: kein Tor, 3 Mal eingewechselt, 1 Mal ausgewechselt – und gegen Aachen schmorte er das ganze Spiel auf der Bank.

Lukas Podolski fremdelte noch mit München. Er richtete sich außerhalb der Stadt ein, wo er mit Freundin Monika zusammenlebte. Eine Beziehung auf Distanz kam für ihn beim Wechsel von Köln nach München nicht in Frage. „Eine Fernbeziehung ist für mich keine Beziehung", erklärte er. „Für mich war es sehr wichtig, dass Monika mit mir nach München gehen wollte. Es ist schön für mich, dass sie immer an meiner Seite ist und mich unterstützt." Vom FC Bayern kam sogar das Angebot, die Eltern von Lukas doch mit nach Bayern zu nehmen. Doch die bodenständigen Eltern lehnten dies ab und blieben lieber in Bergheim.

Mehr Vertrauen als Felix Magath brachte ihm Jogi Löw, der neue Trainer der Nationalmannschaft, entgegen. Die Super-Tor-Quote in der Nationalelf und die sensationelle WM machten Lukas Podolski zum gesetzten Spieler. Löw gab ihm ausdrücklich eine Stammplatz-Garantie. Dieses Vertrauen würde Podolski in den nächsten Jahren zurückzahlen. Mit fünf Toren gegen San Marino empfahl er sich auch für den FC Bayern.

Sturmkollege Roy Makaay schien nach einer schwachen Leistung im Pokal gegen St.Pauli bei Magath in Ungnade gefallen zu sein. Für den Holländer kam Podolski ins Spiel und besorgte schon 26 Sekunden nach seiner Einwechslung den Ausgleich. Damit bewahrte er seinen Club vor einer Blamage. Zur Belohnung durfte er in der Champions League gegen Spartak Moskau und in der Liga gegen Bielefeld ran. Spielte schlecht – und war schon wieder draußen. Selbst wenn Roy Makaay nicht mehr das Vertrauen von Magath besaß, waren immer noch Pizarro und Santa Cruz vor Podolski. „Es ist nicht so, wie ich es mir vorgestellt habe", machte der Nationalspieler Ende September seinen Frust erstmals öffentlich.

Seinen Frust musste Lukas Podolski sich wieder in der Nationalmannschaft von der Seele schießen. Mit dem Führungstor und dem letzten Treffer beim 4:1-Erfolg in der EM-Quali gegen die Slowakei in Bratislava konnte der Stürmer seine ohnehin phantastische Quote weiter verbessern: 22 Tore in 37 Länderspielen standen nun zu Buche. Danach ging er den Journalisten anders als in den Monaten zuvor nicht mehr aus dem Weg. Er hatte Einiges zu sagen. Zum Beispiel gegen Michael Ballack, der ihn öffentlich in die Pfanne gehauen hatte. Podolski müsse mehr an sich arbeiten und sich mehr auf seinen Beruf konzentrieren. Kommentar des Kritisierten: „Ich mache mir keinen Kopp, ich bin erst 21. Was andere sagen, ist mir scheißegal." Und „was die Zeitungen schreiben, ist ein Scheiß". Ballack nahm es mit einem Lächeln zur Kenntnis.

Die zwei Tore für die Nationalelf bedeuteten wieder nicht, dass Lukas Podolski auch beim FC Bayern eine Chance bekommen würde. Magath begründete dies so: „Es kann auch sein, dass er dann schlecht spielt und Selbstvertrauen verliert. Davor muss ich ihn schützen." So viel Blödsinn schürte öffentliche Kritik am Trainer. Dann spielte Podolski gegen die Hertha doch von Beginn an und hatte großen Anteil am 4:2. Das Tor zum 4:2 war sein erster Bundesligatreffer für die Bayern. Magath meinte nach dem Spiel, der ehemalige Kölner sei einem Stammplatz sehr viel näher gerückt.

Dann machte Lukas Podolski Ende Oktober im Training bei einem Zweikampf schmerzhafte Bekanntschaft mit Mark van Bommel. Mit der Verletzung, die er sich dabei zuzog, fiel er für einige Wochen aus. „Das ist schon hart, ich wollte mich doch so richtig ins Zeug legen und beweisen, dass ich jetzt bei Bayern angekommen bin", sagte der Stürmer in der *Bild-Zeitung*. Der Ausfall war auch deshalb bitter, weil sich die Bayern-Bosse jetzt erst recht Gedanken über eine hochkarätige Neuverstärkung im Sturm machten. Irgendwie gestand man sich damit ein, dass Lukas Podolski für die Bayern nicht die erhoffte Verstärkung war.

Erst Ende November konnte Lukas Podolski wieder ins Mannschaftstraining einsteigen. Doch bis zur Winterpause war die Zeit zu kurz, um wieder richtig Anschluss zu finden. Als die Bayern kurz vor Weihnachten im Pokal gegen Aachen zur Pause 0:3 hintenlagen, kam er zur 2. Hälfte rein und verhinderte mit einem Treffer ein völliges Debakel für München. Wie schon beim Erstrunden-Sieg beim FC St. Pauli traf Podolski unmittelbar nach seiner Einwechslung. Sein Verein flog trotzdem raus.

Drei Punkte Rückstand auf Schalke und Bremen hatten die Bayern zur Winterpause. In der Rückrunde mussten die Bayern endlich durchstarten. Uli Hoeneß nahm die beiden Nationalspieler Lukas Podolski und Bastian Schweinsteiger noch einmal eindringlich in die Pflicht. Hoeneß forderte von beiden in Zukunft mehr Engagement und „mehr Ernsthaftigkeit". Bei Podolski erwartete Hoeneß einen Sprung: „Er hat mit der Vorrunde die Lehrlingsphase hinter sich, jetzt muss die Gesellenphase kommen, später einmal die Meisterprüfung. Lukas muss jetzt beißen, Ansprüche auf einen Stammplatz anmelden. Die gebratenen Tauben fliegen einem nicht in den Mund." Bei Podolski kam die Warnung offensichtlich an. „Ich versuche mich zu verbessern, auch mit Einzeltraining", sagte der 21-jährige im *Kicker*. Er habe sich bisher beim deutschen Rekordmeister nicht durchgesetzt. „Ich hoffe, ich packe es möglichst bald. Ich weiß, dass ich besser spielen kann. Da muss ich mich nicht anlügen."

Die Voraussetzungen für einen Neuanfang wurden deutlich besser, als der Verein im Januar Trainer Felix Magath hinauskickte. Er habe die Mannschaft nicht mehr erreicht, so die Begründung. Auch ein Podolski hatte ja beklagt, der Trainer rede zu wenig mit ihm.

Niederlage gegen Dortmund, gegen Bochum kein Sieg. Die Qualifikation für die Champions League war in Gefahr. Es reichte. Magaths Vorgänger wurde sein Nachfolger: Ottmar Hitzfeld. Nur bis Saisonende sollte er bleiben. Er hatte kaum etwas zu verlieren. Holt er einen Titel, wäre es sein Verdienst. Holt er keinen, war halt nichts mehr zu retten gewesen.

Bei Hitzfeld war Lukas Podolski anfangs gesetzt. Aber vor allem deshalb, weil die anderen Stürmer wie Pizarro und Santa Cruz schwächelten. Der Ex-Kölner tat sich wieder schwer damit, seine Chance zu nutzen. Schwacher Auftritt in der Champions League gegen Real Madrid. Dann gegen Wolfsburg der 2. Bundesligatreffer für ihn, wenn auch nur vom Elfmeterpunkt. Er schnappte sich einfach den Ball: „Als ihn mir keiner abgenommen hat, habe ich mir gesagt, den haust du jetzt rein." Bayern hatte jetzt fünf Punkte Rückstand auf den VfB Stuttgart.

Während Lukas Podolski in der Hinrunde nur zweimal von Beginn an hatte spielen dürfen, war er gegen die Hertha schon zum dritten Mal in Folge in der Startelf. Lethargisch joggte er über den Platz. Eine halbe Stunde ging das so. Dann schlugen die Bayern ihre zweite Ecke. Podolski springt höher als Herthas Gilberto und köpft den Ball Richtung Tor, den Abpraller verwandelt Hasan Salihamidzic. Nach dem 1:0 erhöhte Podolski erstmals in der Begegnung das Jogging-Tempo. Er hängt den Berliner Arne Friedrich ab und schießt Salihamidzics Vorlage volley mit dem linken Fuß in die rechte Ecke. Er riss die

Arme hoch und lief Richtung Hertha-Fankurve. Er trat gegen die Eckfahne, und verschwand kurz darauf unter roten Bayern-Trikots. Podolski wurde gefeiert. Besonders von seinen Mitspielern, die ihm den Erfolg gönnten. Nach dem Treffer begann Podolski, seine Mitspieler auf sich aufmerksam zu machen, er winkt und ruft. Er spricht mal mit van Bommel, mal mit Owen Hargreaves. Die Bälle im Mittelfeld aber erreichten ihn noch immer selten. Auch in der zweiten Halbzeit blieb das so: Einen Abschlag von Oliver Kahn verpasste er, weil er sich gerade mit van Bommel unterhielt. Als Hertha neun Minuten später auf 1:2 verkürzte, war Podolski nicht in Ballnähe. In der 68. Minute folgte aber seine dritte gute Szene: Er schob den Ball durch Herthas Abwehrreihe in den Sprint von Roy Makaay, der das 3:1 erzielte. Was er mit Podolski gemacht habe, wurde Ottmar Hitzfeld hinterher gefragt. „Nicht viel", meinte der neue Bayern-Trainer. „Ich habe ihn einfach aufgestellt."

Hitzfeld brachte die Bayern zurück in die Erfolgsspur. Die Mannschaft glaubte an die Vorgaben des Trainers und hatte Erfolg. Das machte die Bayern wieder selbstbewusst. Podolski spielte durch die Hilfe von Hitzfeld wie befreit und strahlte endlich wieder so etwas wie Spielfreude aus.

Mit einem 2:1 gegen Real Madrid zogen die Bayern ins Champions League-Viertelfinale ein. Roy Makaay gelang dabei nach zehn Sekunden das schnellste Tor der Champions League-Geschichte. In der Bundesliga aber immer noch sechs Punkte hinter den Stuttgartern.

Doch anstatt den finalen Angriff auf die Tabellenspitze zu starten, ging es rasant bergab. Gegen den AC Mailand setzte es zuhause ein 0:2. Bayern war raus. Lukas Podolski wurde ein Opfer der Rotation und fand sich auch mal auf der Bank wieder. Fans des 1. FC Köln, die nach dem Auswärtsspiel ihres Klubs beim TSV 1860 am Freitag in München geblieben waren, hatten Transparente und Megafone mitgebracht und sangen auf dem Gelände der Bayern: „Wir wollen Poldi holen!"

Als der FC Bayern Ende April in Stuttgart verlor, waren die Meisterträume verflogen. Schlimmer noch: Fünf Punkte Rückstand auf den dritten Platz, der in die Champions League-Qualifikation führen würde.

Auflösungserscheinungen machten sich in München breit. Hitzfeld musste sich Kritik gefallen lassen. Aber wenn der FC Bayern ein Personalproblem hatte, dann bei den Spielern. Die Rotation unter Hitzfeld war eben auch deshalb notwendig, weil sich nur wenige als Stammspieler aufdrängten.

Für Lukas Podolski kam es nun knüppeldick. Knorpelabsplitterung im linken Knie. Operation. Zwei bis drei Monate Ausfall wurden ihm prognostiziert. Eine trübe Saison mit wenigen Highlights war für ihn beendet. In 22 Spielen war er 18 Mal ein- oder ausgewechselt worden. „Das erste Jahr war natürlich nix", sah Podolski selber ein. „Das hab ich mir anders vorgestellt." Die Bosse von Bayern München auch. Sie hatten sich nach der WM erhofft, dass ihre drei jungen Stars Philipp Lahm, Bastian Schweinsteiger und die Neuerwerbung aus Köln die Spielfreude mit in die Saison nehmen würden, mit der sie bei der WM die Massen begeistert hatten. Stattdessen schaffte man nicht mal die Quali für die Champions League. Lahm konnte immerhin phasenweise überzeugen, aber Schweinsteiger litt unter dem hohen Erwartungsdruck, der nach dem Abgang von Michael Ballack auch auf ihm lastete. Noch öfter als Lukas Podolski musste er sich heftige Kritik gefallen lassen. Aber auch bei anderen Vereinen hatten die Jungstars der WM Formkrisen zu überwinden. Zu groß waren offensichtlich die Belastungen für die jungen Spieler.

Eines musste Lukas Podolski klar sein. Wenn er sich bei den Bayern nicht gegen die schwächelnden Stürmer Pizarro und Santa Cruz hatte durchsetzen können, konnte er nur darauf hoffen, dass die Vereinsbosse trotz der Krise im Sturm auf hochkarätige Neuverpflichtungen verzichten würden. Stattdessen griffen sie ganz tief in die Kasse (von insgesamt sechzig Millionen war die Rede) und holten mit Luca Toni und Miroslav Klose Stürmer, denen man einen Stammplatz kaum verwehren konnte.

Prompt gab es Wechselgerüchte um Podolski. Mit Bochum brachte man ihn in Verbindung – na ja. Aber zumindest hätte er dort Spielpraxis sammeln können für die anstehende EM. Roy Makaay machte schon mal die Fliege. Ein Konkurrent weniger. „Ich kann alle beruhigen: Um Lukas Podolski muss sich keiner Sorgen machen", sagte der Ex-Kölner im Interview mit der *Bild am Sonntag* und fügte selbstbewusst an: „Ich weiß, dass ich Fußball spielen kann und meine Chance kriege. Und ich weiß, dass ich mich durchsetzen werde." Er werde noch viele Jahre beim FC Bayern spielen. „Da mach ich mir keinen Kopp..."

Sein Comeback verzögerte sich bis Mitte August. Erst mal zwei Auftritte im Regionalliga-Team. In der Nationalelf stürmte Lukas Podolski gegen Rumänien in Köln neben Patrick Helmes, der am Rhein wie eine Granate eingeschlagen war und den Spitznamen „Poldi 2" verliehen bekommen hatte. Von Löw wurden die Stürmer der Einfachheit halber als „die beiden Kölner" bezeichnet. Auch wenn schon jetzt feststand, dass Helmes die Stadt bald in Richtung Leverkusen verlassen würde.

Das Spiel verlief unglücklich für Podolski. Zweimal stand er frei vor Torhüter Coman, beim ersten Mal verpasste er den richtigen Moment zum Schuss, beim zweiten Mal hörte er auf seinen Verstand, anstatt seinem Instinkt zu vertrauen. Das Spiel näherte sich bereits bedrohlich seinem Ende, als Podolski 18 Meter vor dem Tor an den Ball kam. Er schoss ohne Anlauf, mit seinem notorischen linken Fuß, und wuchtete den Ball ins Netz. Der Jubel des Publikums folgte wie der Donner einem Blitzeinschlag, mit einer urwüchsigen Kraft. Podolski riss sich das Trikot vom Körper. Als er dafür die Gelbe

Karte sah und Schiedsrichter Rizzoli den Rücken zukehrte, da streckte er seine Hand nach hinten, wie ein Bettler, der Passanten in der Fußgängerzone um Geld anfleht. Rizzoli schlug ein.

Zum ersten Mal seit elf Monaten hatte Lukas Podolski wieder ein Tor für Deutschland erzielt. Er war damit das beste Beispiel für die gelungene Menschenführung bei der Nationalmannschaft. „Schon die Nominierung war wichtig", sagte der Münchner. Nach zwei Kurzeinsätzen in der Bundesliga war sie keineswegs selbstverständlich, „der Bundestrainer hätte ja auch sagen können: Warte noch mal zwei Wochen." Für Löw aber war immer „klar, dass man an so einem Spieler festhält".

Beim FC Bayern war hingegen wieder Stunk angesagt. Seine Chance im Uefa-Cup gegen Belenenses konnte Podolski nicht nutzen. Der Lukas sei zu lieb, moserte daraufhin Uli Hoeneß. „Er muss böse werden: Jetzt wird die Phase kommen, in der wir ihn härter anfassen. Wenn er seine Einstellung nicht gravierend ändert, dann wird er es hier nicht schaffen!" „Ich habe nie eine Chance bekommen, über sieben, acht, neun Spiele hinweg", wehrte sich Podolski. Seine Spielweise sei zu durchsichtig, lautete ein anderer Vorwurf. Aber Podolski spielte seit Jahren so und hatte damit auch schon Erfolg gehabt. „Wieso soll ich da was ändern?"

Gegen Luca Toni und Miro Klose hatte Lukas Podolski keine Chance auf einen Stammplatz. Aber aufgeben wollte er auch nicht, weshalb er die hartnäckigen Anfragen aus Bremen abblockte. Mund halten und Gas geben, war jetzt sein Motto.

Auch in der Nationalmannschaft wurde es eng. Gegen Irland wollte Jogi Löw plötzlich Lukas Podolski keine Startelf-Garantie mehr geben – trotz des Ausfalls von Klose. Mario Gomez stand jetzt höher im Kurs. Und Kevin Kuranyi war gesetzt. Tatsächlich war Podolski dann nicht in der Startelf.

Gegen Tschechien durfte er dann wieder von Anfang an ran. Es wurde eine Blamage. 0:3. Podolski hatte daran seinen Anteil mit seiner erbärmlichen Vorstellung. Jogi Löw musste sich nach dem Spiel einen bösen Kommentar dazu verkneifen. Auch die Nationalelf war keine Wellness-Oase mehr, wo man sich vom Stress im Verein erholen konnte.

Es war die Zeit, in der man sich einmal grundsätzlich die Frage stellen musste, ob die Entwicklung von Lukas Podolski nicht zu früh Halt gemacht hatte. War er nicht eigentlich viel zu schnell von der A-Jugend in die Nationalmannschaft gerutscht? Man hatte ihm ja kaum Zeit gelassen, sich richtig zu entwickeln. Es trat aber immer wieder deutlich zutage, dass er noch am Detail arbeiten musste. Von einem 22-Jährigen konnte man das ruhig verlangen. Er musste lernen, sich richtig und effizient zu bewegen. Seine Stimmungsschwankungen auf dem Platz mussten weniger werden: Momenten höchster Energie wie nach seiner Einwechslung im Länderspiel gegen Irland folgen häufig Phasen totaler Erschlaffung. Podolski musste sein Repertoire erweitern – aber dazu musste er auch die Gelegenheit zum Spielen bekommen. Und die bekam er beim FC Bayern zu selten. Er wurde schlicht nicht gebraucht in München. Deshalb schloss er nicht mehr aus, bei gleichbleibend schlechter Situation im April oder Mai eine Lösung mit der Münchner Vereinsführung suchen zu wollen: „Dann gucken wir weiter und müssen vielleicht wirklich reden." Vielleicht sagte er. Das zeugte von wenig Konsequenz im Handeln.

Einen Monat nach der Pleite gegen die Tschechen dann die Auferstehung Lukas Podolskis gegen Zypern. Ein Tor selber geschossen, zwei vorbereitet. Jogi Löw hatte als Reaktion auf die gravierenden Personalsorgen Podolski im Mittelfeld aufgeboten, allerdings nicht, wie allgemein erwartet, zentral als hängende Spitze hinter den beiden Angreifern Klose und Gomez. Der Münchner spielte auf der linken Seite – lauffreudig, passsicher und auch zweikampfstark. „Bei uns in der Nationalmannschaft ist er eine feste Größe", erklärte Löw nach dem 4:0-Sieg in der EM-Quali.

Schon eine Woche zuvor hatte Lukas Podolski im Uefa-Cup gegen die Bolton Wanderers beide Tore für seinen Verein erzielt. International lief es einfach besser als in der Liga.

Podolski wollte sich jetzt ganz auf den Fußball konzentrieren. Ab sofort sollte die Öffentlichkeit einen neuen, anderen Podolski wahrnehmen. Mit dem „Poldi hier, Poldi da, Poldi trallalla" sei es jetzt vorbei. Auch dieses „Poldi-Schweini-Poldi-Schweini-hin-und-her" müsse endlich ein Ende haben. Dazu stellte er auch klar, dass ihn außerhalb des Fußballplatzes gar nicht viel mit dem Teamkollegen verbinde. „Die Ehe mit Schweini, wenn man sie so nennen will, die hat es doch nie gegeben", sagte er.

Die neue Ernsthaftigkeit war sicherlich auch der anstehenden Geburt seiner Tochter geschuldet. Im Dezember erfuhr die Öffentlichkeit, dass Freundin Monika schwanger sei.

Der FC Bayern wurde zwar punktgleich mit Werder „Herbstmeister", aber Kritik kam trotzdem von allen Seiten. Vier torlose Remis in der Hinrunde warfen auch Fragen auf, ob sich die Millionen-Investitionen in den neuen Sturm ausgezahlt hatten. Für Schlagzeilen sorgte eher Oli Kahn, der für sein frühes Verschwinden von der Weihnachtsfeier für ein Spiel suspendiert wurde.

Während der Winterpause tauchte bei Uli Hoeneß der Gedanke auf, Lukas Podolski auszuleihen. So könnte er Spielpraxis für die EM gewinnen. Manchester City hatte Interesse, aber plötzlich zeigte sich auch Kölns Präsident Overath interessiert. Rummenigge erteilte schließlich allen Spekulationen eine Absage. Chaos in München.

Krankheiten (aus dem Weihnachtsurlaub kehrte er mit einer Grippe zurück) und kleinere Verletzungen, zum Beispiel ein Bandscheibenvorfall, warfen Lukas Podolski immer wieder zurück. Mit dieser mangelhaften Fitness hatte er keine Aussichten auf einen Stammplatz. DFB-Sportdirektor Matthias Sammer fand es deshalb unmöglich, dass ihm die Vereinsführung einen Wechsel verbaute. Wie solle sich Lukas denn durchbeißen, wenn er gar nicht die Chance auf dem Spielfeld dazu erhalte? Eine berechtigte Frage. Die Antwort: Auch Jürgen Klinsmann, den sich die Bayern für die nächste Saison als neuen Trainer angelten, sprach sich gegen einen Wechsel aus. Deshalb sei ein Wechsel geplatzt, erklärte Hoeneß später. Für Lukas Podolski keine schlechte Aussicht, schließlich hatte er mit Klinsmann in der Nationalelf nur gute Erfahrungen gemacht.

Zwar musste Podolski für einen Monat den Führerschein abgeben, weil er auf der Autobahn gedrängelt hatte, aber auf dem Spielfeld startete er jetzt durch. Vielleicht ein Klinsmann-Effekt. Beim 5:1 gegen Aberdeen steuerte er zwei Tore bei. Er hatte somit schon vier Tore im Uefa-Cup erzielt. Das war erstaunlich, denn in der Bundesliga hatte er in der ganzen Saison noch nicht getroffen. Und das tat er auch weiterhin nicht. Zwar behauptete Podolski, wenn man ihn spielen lasse, würde er auch treffen. Aber die Realität sah anders aus.

Und so saß er weiter als Edel-Reservist auf der Bank. „Ich habe die Nase voll von der Bayern-Bank", sagte er Ende März der Bild-Zeitung. Wechseln wolle er.

Frust ablassen hilft manchmal ungemein, und so besorgte er wenige Tage später gegen Nürnberg den 1:1-Ausgleich, nachdem er zur 2. Hälfte reingekommen war. Sein erstes Bundesligator seit über einem Jahr! Enorme Fortschritte bescheinigte ihm Hitzfeld. Er stehe auf einer Stufe mit Toni und Klose. Deshalb durfte er gegen Getafe und Bochum von Anfang an aufs Feld. Und fiel dort nicht weiter auf. Also bekam Miro Klose wieder eine Chance.

Pokalsieg und Meisterschaft – die Saisonbilanz des FC Bayern war eigentlich nicht schlecht. Aber Lukas Podolskis persönliche Bilanz war verheerend. Auch Ottmar Hitzfeld hatte ihm kein hundertprozentiges Vertrauen geschenkt, seine Mitspieler schon gar nicht. Er wollte nach der Europameisterschaft über seine Zukunft beim FC Bayern entscheiden. Besserung sei aber in Sicht, sagte Podolski, der sich unter Klinsmann durchaus Hoffnungen auf einen Stammplatz im Angriff des FC Bayern machte. „In der nächsten Saison haben alle Stürmer die gleichen Chancen. Alle fangen bei Null an, keiner ist gesetzt", sagte der frühere Kölner.

Unterdessen trieb der Kölner Coach Christoph Daum die Personalplanungen voran und träumt von einer Rückholaktion des Nationalstürmers. „Gibt es eine Möglichkeit, diskutieren wir den P-Plan. Wenn es einen Lukas gibt, der von Bayern die Freigabe erhält, dann bin ich mir sicher, dass es hier externe Leute gibt, die uns unterstützen, die ihn finanzieren können", sagte Daum dem *Express*.

Erst einmal galt seine ganze Konzentration der EM. Nur bei der Nationalmannschaft fühlte er sich pudelwohl, nur hier gab er den Clown. Weil er hier ein super Umfeld habe, meinte er selber. Er war ja erst 23 und hatte schon etwa fünfzig Länderspiele auf dem Buckel.

Das Spiel gegen Polen zum EM-Auftakt war natürlich ein besonderes. Im Sturm waren Klose und Gomez gesetzt. Aber Lukas Podolski drängte sich im Training auf, mehr als zum Beispiel Schweinsteiger. Also ließ Löw ihn im linken Mittelfeld auflaufen. Wie in der EM-Quali gegen Zypern. Damals hatte er beim 4:0 zwei Tore vorbereitet und eines geschossen. Gegen Polen spielte Podolski in der ersten Halbzeit wie aufgedreht, seine energischen Antritte konnten nur durch Fouls neutralisiert werden. Für ihn war es ein Kinderspiel, den feinen Querleger von Miroslav Klose über die Torlinie zur Führung zu drücken. Auf besonders ausufernden Jubel verzichtete er. Weder riss er seine Augen vor Begeisterung auf, noch schleuderte er seine Arme zum Jubel in die Luft. Podolski blieb einen Moment lang regungslos stehen. „Ich habe großen Respekt für das Land Polen", erklärte er später, „und diesen Respekt habe ich nach meinen Toren gezeigt." Denn er schoss noch ein zweites – volley ins linke obere Eck. Auch die rüden Attacken der polnischen Gegenspieler konnten ihn nicht stoppen.

Nach dem Spiel ging er in den polnischen Fanblock, gab polnischen Fans Autogramme gegeben, und unterhielt sich lange mit seiner Familie, die das Spiel im polnischen Block gesehen hatte. Podolskis Geste wurde in Polen und in Deutschland gleichermaßen gelobt. Ein polnischer Politiker aus dem rechten Lager forderte in einem Radiointerview trotzdem, Polens Staatspräsident solle Podolski die polnische Staatsbürgerschaft aberkennen. Podolski konterte im Kölner *Express*: „Der Witz ist: Ich habe gar keinen polnischen Pass." Stattdessen besitzt er die doppelte Staatsbürgerschaft. Sonst hätte er ja auch gar nicht für die deutsche Nationalmannschaft spielen können. Logisch!

Fußballerisch hatte er sich für die DFB-Auswahl entschieden. Er spiele unter anderem deswegen in der deutschen Nationalmannschaft, sagte Podolski, weil sich vom polnischen Verband niemand um ihn gekümmert habe. „Dennoch schlagen in meiner Brust zwei Herzen."

Viele Polen machten einen wie ihn kurzerhand zum Polen, und waren stolz auf seine Leistung. Das lag auch daran, dass der polnische Fußball wenig Glanz verbreitet. Die polnische erste Liga befindet sich eher auf Regionalliga-Niveau. Die Nationalmannschaft zehrt noch vom guten Ruf der siebziger Jahre.

Nach dem Doppelpack gegen die Polen interessierte sich plötzlich sogar Juventus Turin für Lukas Podolski. Gegen die Kroaten legte er nach. Zwar gab es am Ende ein peinliches 1:2, aber im linken Mittelfeld war Podolski einer der wenigen Lichtblicke und traf auch wieder. Großes Lob gab es von Ottmar Hitzfeld, der plötzlich zum Poldi-Fan mutierte. Na ja.

Für die *Bild* war er wieder „Prinz Peng". Mit neuem Selbstbewusstsein wagte er auch wieder Kritik am FC Bayern. Dass man dort Ausschau nach neuen Stürmern hielt, gefiel ihm gar nicht. Er drohte mit Wechsel. „Alles ist möglich! Ich habe einen Vertrag beim FC Bayern, aber jeder weiß, dass ich eine besondere Beziehung zum 1. FC Köln habe. Denn das ist mein Heimatverein", erzählte er der *Bild am Sonntag*. Ganz fair war es vielleicht nicht, den Kölner Fans, die den Weggang von Patrick Helmes zu verkraften hatten, so viel Hoffnung zu machen. Denn vorläufig war sie unbegründet.

Das dritte Spiel in der Vorrunde gegen die Österreicher war schon so etwas wie ein Endspiel. Werder-Profi Martin Harnik tönte: „Die Deutschen stehen jetzt schon unter Druck und werden sich in die Hosen scheißen." Das taten sie natürlich nicht, aber wieder waren sie zu zögerlich gegen harmlose Österreicher. Nach dem 1:0 durch Ballack zitterte man sich zum Sieg.

Drei Tore hatte Podolski in der Vorrunde erzielt, nur der Spanier David Villa hatte mehr auf dem Konto. Das Viertelfinale gegen Portugal wurde hochdramatisch. Teamchef Jogi Löw verfolgte das packende 3:2 von der Tribüne aus. Die UEFA hatte ihn nach dem Österreich-Spiel dorthin verbannt. Lukas Podolski blieben die Leiden seines Chefs nicht verborgen. „Ich hab ihn ein paar Mal oben auf der Leinwand gesehen, wie der am Mitfiebern war", erzählte er. Diesmal stürmte er, weil er formschwache Gomez draußen blieb. Wie schon gegen die Kroaten zeigte Podolski Defizite im Defensivverhalten und ermöglichte damit den Anschlusstreffer der Portugiesen. Ihm fehlte häufig der Blick dafür, welchen

Spieler er übernehmen sollte. In der Offensive lief es besser. Schweinsteiger sprintete in eine Podolski-Vorlage und spitzelte den Ball zum 1:0 in die Maschen (22.). Poldi & Schweini, das Erfolgsduo der WM 2006, feierte damit eine fröhliche Auferstehung. Vor allem Schweinsteiger war überragend. Podolski gelang kein Treffer, ein Gewaltschuss in der 79. ging haarscharf vorbei.

Der Bayern-Stürmer blieb auch im Halbfinale gegen die Türkei die Wiederentdeckung des Turniers. Sein 29. Länderspieltor wollte ihm zwar nicht gelingen. Doch konnte er, nachdem er den Rückstand durch wieder einmal schwaches Defensivverhalten mit verschuldet hatte, den wichtigen Ausgleich durch Schweinsteiger vorbereiten und schuf damit die Grundlage für den glücklichen 3:2-Halbfinalsieg.

Im Finale in Wien warteten die überragenden Spanier. Entweder wird Deutschland zum vierten Mal in der Geschichte Europameister oder Spanien sichert sich die europäische Krone ein zweites Mal nach 1964. Gesucht wurde aber auch ein Torschützenkönig. Beste Chancen hatte hier David Villa, der bereits vier Mal für Spanien getroffen hatte. Das deutsche Team war Außenseiter, denn wirklich überzeugt hatte man während des Turniers nicht. Mit viel Dusel hatte es für das Finale gereicht, aber das Glück war jetzt aufgebraucht. Im Finale konnten die Deutschen nur in der Anfangsphase den bärenstarken Spaniern Paroli bieten. Danach fehlte es an Elan, Dynamik und Konsequenz. Überraschungsmomente? Fehlanzeige! Die Deutschen liefen nur noch hinterher, so war es für niemanden eine Überraschung, dass Spanien zu großen Torchancen kam. Und so entschied ein brandgefährlicher Fernando Torres das Endspiel.

Party auch ohne Pokal: Den Gipfel der Bergtour hatte die deutsche Elf verpasst, aber die Herzen der Fans gewonnen. Einen Tag nach der frustrierenden 0:1-Niederlage erlebten die Spieler auf der Fanmeile in Berlin ein Bad in der Menge. 100.000 Fans bereiteten dem DFB-Team vor dem Brandenburger Tor einen herzlichen bis euphorischen Empfang und feierten mit dem DFB-Team zum EM-Abschied ein kleines Sommermärchen. Lukas Podolski schnappte sich das Mikrofon und stimmte mit den Fans sein berühmtes „Humba, tätärä" an.

Erst mal Urlaub für die EM-Finalisten. Bayerns Vorstandsvorsitzender Karl-Heinz Rummenigge fing aber schon wieder an zu stänkern und wollte weder Podolski noch Schweinsteiger für die kommende Saison eine Stammplatzgarantie geben. Als ob er die Mannschaft aufstellen würde.

Es war aber ein Vorgeschmack auf die nächste Saison. Podolski wollte um einen Stammplatz kämpfen. „So wie es letzte Saison gelaufen ist, so kann es nicht weitergehen – und so wird es nicht weitergehen." Und er war optimistisch. Schon wegen des neuen Trainers. Klinsmann wäre ohne Podolski vielleicht gar nicht nach München gekommen und hob ihn vor der Saison in den Himmel. Öffentlich erklärte er, Lukas Podolski bekomme eine ehrliche

Chance, man wolle sein Selbstbewusstsein steigern. Dann setzte er ihn trotzdem auf die Bank.

In Köln wollte man deshalb nicht lockerlassen und machte aus dem Interesse an einem Transfer keinen Hehl. „Irgendwann kommt Podolski zum 1. FC Köln zurück", meinte Wolfgang Overath in seiner Rede zum 60. Geburtstag des Vereins. Und Christoph Daum ließ auch keinen Zweifel daran, dass er Podolski wieder nach Köln zurückholen wollte. Das erzürnte die Bosse beim FC Bayern. Rummenigge warf den Kölnern vor, immer nur zu reden, sich aber nie ernsthaft um eine Rückkehr gekümmert zu haben. Das würde Podolski natürlich verunsichern.

Seinen Bundesliga-Einstand verpatzte Jürgen Klinsmann. Nur Unentschieden gegen den HSV. Bastian Schweinsteiger erzielte in der 12. Minute das Premierentor der 46. Bundesliga-Saison. Podolski erhöhte in der 16. Minute mit einem Fouleflmeter auf 2:0. Es reichte nicht. Der FC Bayern offenbarte noch einige Schwächen im Vergleich zur Vorsaison, war aber auch ersatzgeschwächt. Luca Toni zum Beispiel laborierte an einer Wadenverletzung. Als er wieder gesund war, fand sich Podolski auf der Bank wieder. Entsprechend sauer war er. Schon wieder hatte man ihn enttäuscht. Bei der EM hatte er es wegen seiner tollen Leistung ins All-Star-Team geschafft – und beim FC Bayern wurde er wieder zum Ersatzspieler und Joker degradiert.

Miro Klose durfte spielen, trotz seiner schwachen Form. Bei der Nationalmannschaft stellte

Podolski den Teamkameraden in den Schatten. Gegen Liechtenstein stand Klose völlig neben sich und vergaß in der Halbzeitpause sogar seine Kapitänsbinde in der Kabine. Podolski traf hingegen zweimal ins Tor und rackerte von der ersten Minute an für sein Team. Dafür gab es Lob von Philipp Lahm: „Er bringt einfach seine Leistung, deshalb spielt er ja auch." Im Oktober schoss sich Podolski in der ewigen Torschützenliste des DFB auf Platz 13.

Im Verein setzte Klinsmann weiter auf Klose und Toni, auch wenn die beiden stümperten und schwächelten. Podolski wurde von Klinsmann zum Herausforderer erklärt. Es könne allerdings Jahre(!) dauern, bis sich Lukas gegen die beiden durchsetzen werde. Aber er liege ihm sehr am Herzen, tröstete Klinsmann seinen Stürmer.

Uli Hoeneß polterte, Podolski solle „aufhören, in der Ecke zu jammern, schlecht gelaunt zu sein und über seine so schwierige Situation zu lamentieren. Es gibt schwierigere Schicksale auf der Welt, als beim FC Bayern zu spielen". Doch Lukas Podolski wehrte sich. Er akzeptiere Hoeneß' Wortwahl, die sicherlich „gut gemeint" war, nicht: „Jammern lasse ich mir nicht nachsagen."

Aber auch für Jürgen Klinsmann begann ein eisiger Wind in München zu wehen. Pünktlich zur Eröffnung der Oktoberfestes erlebte Klinsmann seine erste Pflichtspielniederlage mit den Bayern: eine deftige 2:5-Pleite gegen Bremen. Ein Ausrutscher?

Jedenfalls durfte Lukas Podolski plötzlich zwei Mal von Beginn an ran. Aber wie schon unter Magath und Hitzfeld nutzte er seine Chance nicht. Vielleicht war der Druck zu groß. „Es gibt drei Bayern-Spieler, die im Nationalteam und auch bei uns gut spielen – und einer nicht", ätzte Uli Hoeneß. Eine Anspielung auf Philipp Lahm, Bastian Schweinsteiger und Miroslav Klose, die im Verein zu den Leistungsträgern gehörten. Podolski hingegen schaffe es einfach nicht, vor allem nicht gegen starke Gegner.

Inzwischen schien Podolski seinen Wechsel nach München endgültig zu bereuen. „Wenn ich wüsste, dass es dann wieder so läuft wie jetzt gerade, würde ich nicht noch mal unterschreiben", sagte er der *Bild-Zeitung*. Er fühlte sich wie im Riesenrad. „Es geht ständig auf und ab." Immer öfter kamen Gerüchte auf, Podolski wolle die Bayern Richtung Köln verlassen. Doch nach Ablauf der Wechselfrist musste er sich jetzt erst mal voll auf den FC Bayern konzentrieren.

Luca Toni und Miroslav Klose waren als Sturmduo gesetzt. Die Bayern holten zudem mit dem US-Amerikaner Landon Dononvan von Los Angeles Galaxy einen vierten Stürmer. Auch wenn Donovan, ein Liebling von Klinsmann, bald wieder weg war, musste Podolski doch wieder einmal den Eindruck gewonnen haben, man glaube nicht an seine Fähigkeiten.

Zeit, Bilanz zu ziehen. Seit seinem Wechsel nach München war er in etwa sechzig Bundesligaspielen eingesetzt worden, hatte dabei aber nur zwölf Tore erzielt. Bei zehn Einsätzen in der Champions League traf er sogar nur ein Mal.

Ende November war die Katze aus dem Sack. Lukas Podolski verkündete erstmals ganz offen, den FC Bayern verlassen zu wollen. Damit zog er einen Schlussstrich unter seine enttäuschende Zeit beim Rekordmeister. Schon im Winter wollte er weg. So schnell wie möglich. Dass Köln ein mögliches Ziel war, daraus machte er keinen Hehl.

Die Romanze zwischen dem Star und seiner Stadt lebte wieder auf, und in Köln schlugen die Herzen höher. Die Kölner Fans sind in dieser Liebesgeschichte so weit gegangen, dass sie Podolski wenige Wochen zuvor sogar gefeiert hatten, als er für die Bayern in Köln traf. Hinterher absolvierte der Torschütze eine umjubelte Ehrenrunde im Stadion.

Der Transferpoker begann, und es sollte eine lange Partie werden. Als Vorteil für die Kölner erwies sich, dass sie sich beim Transfer von Podolski nach München in dessen bis 2010 laufendem Vertrag ein Vorkaufrecht bei einem Wechsel des Torjägers zu einem anderen Club gesichert hatten. Noch wollte aber Bayern-Coach Klinsmann nichts von einem Wechsel wissen: „Lukas hat bei uns einen Vertrag. Wir sind sehr, sehr dünn aufgestellt mit drei Stürmern", meinte er nach dem Einzug ins Champions-League-Achtelfinale. „Wir brauchen vier Stürmer, um in der Champions League mit Manchester, Real Madrid oder

Barcelona mithalten zu können. Damit muss sich der Lukas abfinden." Zugleich ermunterte Klinsmann sein Sorgenkind, nicht aufzugeben und sich beim FC Bayern noch einmal voll reinzuhängen. „Jetzt sind wir im Achtelfinale, jetzt kommen die richtigen Kaliber auf uns zu. Da kann eine Situation entscheiden, und das kann seine sein."

Aber die Meinung von Klinsmann galt in München schon nicht mehr viel. München signalisierte Podolski, ihn bei einem akzeptablen Angebot im Sommer ziehen lassen zu wollen. Von 15 Millionen Euro war die Rede. Viel Holz für einen notorisch klammen Zweitligisten.

Anfangs wollten die Bayern wohl auch deshalb nichts von einem Wechsel nach Köln wissen. Rummenigge warnte Podolski fürsorglich: „Seien wir mal ehrlich: Das ist doch ein Karriere-Rückschritt". Gleichzeitig kritisierte auch er die Einstellung des Angreifers: „Wenn ich bei Bayern München spiele und die Chance habe, mich dort durchzusetzen, dann tue ich einfach alles dafür." Er warf Podolski vor, bei ihm drehe sich alles nur noch um einen Vereinswechsel beziehungsweise eine Rückkehr zum 1. FC Köln." Ähnlich das Urteil von Nationalmannschaftsmanager Oliver Bierhoff: „Meiner Meinung nach sollte er Scheuklappen aufsetzen, sich durchbeißen und die Hürde bei den Bayern nehmen."

Die Kölner waren auch nicht die einzigen, die um den 23-Jährigen warben. Aus der Bundesliga hatten auch der Hamburger SV und Werder Bremen ihr

Interesse an einer Verpflichtung des Nationalspielers bekundet. International dachten angeblich unter anderem die englischen Clubs Manchester City und Tottenham Hotspur sowie der französische Ex-Meister Olympique Marseille und der AS Rom über eine Verpflichtung nach. Die hätten natürlich mehr bezahlen können als die Kölner.

Vielleicht wäre Lukas Podolski bei Werder Bremen besser aufgehoben gewesen. Dort wird nicht nur ein ungleich erfolgreicherer Fußball gespielt, sodass ein Wechsel dorthin für ihn möglicherweise den entscheidenden Karrieresprung bedeutet hätte. In Bremen waren zudem schon häufig angeschlagene Talente wieder aufgepäppelt worden. Podolskis explosives Spiel, seine Schnelligkeit und seine Stärke bei Kontern hätten auch gut nach Bremen gepasst. Auch die Boulevardpresse spielt in Bremen nicht die Rolle wie in Köln oder München. Podolski hätte dort nicht unter so großer Beobachtung gestanden wie in Köln.

Doch in Köln war man fest entschlossen. Die Idee, das Idol zurückzuholen, war aus den Köpfen nicht mehr rauszukriegen. Manager Meier verkündete, der 1. FC Köln brauche ein Gesicht. „Und das soll Lukas werden. Die Bayern haben damals diese tolle Story von Lukas und dem FC kaputtgemacht. Jetzt ist die Zeit reif, sie fortzusetzen."

Der so Umworbene hatte sich offensichtlich schon für den 1. FC Köln entschieden. Selten genug gibt es noch Spieler, die sich einem Verein so verbunden fühlen, dass sie auf viel Geld und sportlichen Erfolg verzichten. Hatte es nicht auch etwas sehr

Menschliches, dass er so dringend zurückkehren wollte ins heimische Bergheim, wo die vier Großeltern seines neun Monate alten Sohnes Louis leben? Vor allem seine Freundin Monika war in der mondänen Welt der Münchner Spielerfrauen wohl nie richtig angekommen. Sie sehnte sich angeblich zurück ins Rheinland. Podolski ist jemand, dem so etwas wichtig ist.

Nüchtern verkündete Lukas Podolski Mitte Januar auf seiner Homepage das Ende eines wohl beispiellosen Transfer-Epos. „Ich habe mich mit dem 1. FC Köln auf einen Vertrag ab dem 1. Juli 2009 geeinigt. Ich bin froh, dass die Entscheidung über meine sportliche Zukunft gefallen ist und die Spekulationen um meine Person ein Ende haben", teilte er seinen Fans mit. Er erhielt einen Vertrag bis 2013 und kostete Köln rund zehn Millionen Euro. Der 1. FC Köln zahlte für den Rückkehrer also die gleiche Ablöse wie 2006 die Bayern.

Glücksgefühle am Rhein. Wenn nur das Geld nicht wäre. Drei Viertel dieser Summe wollten die Kölner direkt stemmen – größtenteils über Schulden – der Rest sollte mit einer Party rund um ein „Abschieds-Rückkehrspiel" gegen die Bayern eingenommen werden. Sponsoren sollten Bier spenden, und die Fans kräftig konsumieren. „Ganz Köln wollte die Rückkehr von Lukas Podolski, jetzt kann ganz Köln helfen, dass wir das auch hinbekommen", meinte der stolze Manager Michael Meier.

Für Lukas Podolski war der Wechsel kein Rückschritt. Deshalb verglich er sich mit Hoffenheims Coach Ralf Rangnick, bei dessen Wechsel von Schalke

04 in die Regionalliga viele vor Mitleid die Stirn gerunzelt hatten. Zwei Jahre später stand er mit der TSG Hoffenheim auf Platz eins in der Bundesligatabelle. „Viele sehen im 1. FC Köln einen Absteiger. Doch da werden sich noch einige wundern", sagte Podolski der *Sport Bild*.

Auch beim deutschen Rekordmeister sah sich Podolski nicht als gescheitert an. „Das sehe ich überhaupt nicht so. Ich bin deutscher Meister und Pokalsieger geworden. Für meine Entwicklung war es eine große Erfahrung, beim FC Bayern zu spielen", erklärte er. Er habe immer „alles gegeben und immer versucht, das Beste aus meiner Situation zu machen", so der Nationalspieler. Auch dass er im Training nicht genug gearbeitet habe, sah er anders. Gleichzeitig widersprach Podolski seinem Trainer Klinsmann, der dem Angreifer vorgeworfen hatte, seine Chancen nicht konsequent genutzt zu haben. Klinsmann hatte erklärt, dass es ihn innerlich schmerze, „wenn man sieht, dass da ein besonderes Talent ist, das einfach stehen bleibt und nicht weiterkommt". Der 60-fache Nationalspieler sei offenbar „nicht der Typ, den Spielern, die vor ihm stehen, den Kampf anzusagen".

Die Kritik an der mangelnden Durchsetzungsfähigkeit des Stürmers mochte nicht ganz unberechtigt sein. Aber Podolskis Berater Kon Schramm konterte: „Immer wenn man Lukas Vertrauen schenkt, dann zahlt er es auch zurück." Vor dem Hintergrund dieser Erfahrung riet selbst der Bundestrainer Podolski zu einer Rückkehr nach Köln. „Ich denke, das wird seiner Entwicklung guttun", sagte Jogi Löw. Offenbar hält er

Podolski für einen Spieler, der private Sicherheit und Anerkennung dringender benötigt als internationale Erfahrung.

Seine Rückkehr nach Köln sei nicht nur eine „Herzensangelegenheit" gewesen, es habe auch „überzeugende sportliche Argumente" gegeben, betonte Podolski. Trainer Christoph Daum und Manager Michael Meier „wollen den Verein nach vorne bringen. Das passt, denn auch ich will in meiner Karriere weiterkommen." Sollte dies in Köln nicht klappen und Podolski den FC wieder verlassen, hatte sich der FC Bayern angeblich eine Vertragsklausel zusichern lassen. Laut *Sport Bild* würden die Münchner bei einem Verkauf des Nationalspielers mitkassieren. „Wir sind nicht von vorgestern. Würde Köln Podolski tatsächlich verkaufen, sitzt Bayern bei der Ablöse mit im Boot", sagte Bayerns Vorstandsvorsitzender Karl-Heinz Rummenigge.

Podolskis Vertrag galt nur für die Erste Liga. Seine zukünftigen Teamkameraden spielten also fortan nicht nur um den Klassenerhalt. Auf ihren Schultern lastete auch die Verantwortung für die Vollendung der herbeigesehnten Rückkehr.

Auch die Zeit von Jürgen Klinsmann in München ging zu Ende. Im Februar setzte es eine 1:2-Heimpleite gegen Podolskis 1. FC Köln, dessen Trainer Daum den Bayern-Coach nach dem Spiel zum Trost umarmte. Ungeordnet und taktisch undiszipliniert war die Mannschaft. Das Projekt des Reformators Klinsmann stand auf der Kippe. Sein Ziel, jeden Spieler jeden Tag ein Stück besser zu machen, das stand jetzt fest, hatte Klinsmann klar verfehlt. Vier Spiele, drei Niederlagen – so die ernüchternde Bilanz der Rückrunde zu diesem Zeitpunkt. Bei den Bayern-Bossen setzte sich langsam die Erkenntnis durch, dass die Zusammenarbeit zwischen dem konservativen FC Bayern und dem Modernisierer wohl doch ein großes Missverständnis gewesen war.

In der Champions League gegen Barcelona Anfang April stand es bereits zur Halbzeit 0:4. Dabei hatte man den Klinsmann doch geholt, um endlich auch international wieder zu den Besten zu gehören. Und dann das! Bis Ende April hatte Klinsmann Schonzeit, denn so einfach konnte man den WM-Helden von 2006 nicht rauswerfen. Schließlich war ja noch die Meisterschaft drin. Aber am Ende erging es ihm wie Lukas Podolski – der FC Bayern gab ihm und seinem Projekt keine richtige Chance. Das zeigte sich schon daran, dass man für den Rest der Saison mit Jupp Heynckes einen alten Hasen holte.

Der Wechsel zum 1. FC Köln fiel Lukas Podolski wohl auch deshalb leicht, weil er damit seinen Stammplatz im Nationalteam nicht aufs Spiel setzte. Ärger gab es trotzdem, und zwar im April 2009 im Länderspiel gegen Wales. Nachdem Mannschafts-Kapitän Michael Ballack dem Stürmer lautstark taktische Anweisungen gegeben hatte, lieferten sich die beiden ein scharfes Wortgefecht. Ballack blaffte zurück, der Streit eskalierte. Plötzlich versetzte Podolski dem knapp neun Jahre älteren Mitspieler eine Backpfeife. Die herbeigeeilten Teamkollegen Per Mertesacker und Philipp Lahm mussten dazwischen gehen und die beiden Kontrahenten trennen.

Es war die Kurzschlusshandlung eines Spielers, dessen Nerven blank lagen, weil er ein schwaches Spiel gezeigt hatte. Podolski wirkte in der Tat ziemlich bedröppelt, als er die Fernsehzuschauer mit ein paar dürren Worten über seine Zerknirschtheit informierte: „Das passiert halt mal auf dem Platz. Für mich ist das abgehakt. Man konnte sehen, dass ich auch jemand bin, der Emotionen zeigen kann." Nach der Teamsitzung sprachen sich Podolski und Ballack aus. „In drei Minuten war das erledigt. Sie haben sich hinterher wieder tief in die Augen gesehen und abgeklatscht", so Oliver Bierhoff. Für den Bundestrainer stand Podolski fortan unter starker Beobachtung. „Ein weiterer Fehler dieser Art hätte sicher weitreichende Konsequenzen", sagte Löw.

Ganz Fußball-Deutschland hatte trotzdem ein Thema gefunden. Es fand sich sogar jemand, der Podolski bei der Polizei anzeigte. Skurrile Begründung: Es sei doch ein schlechtes Vorbild, vor Millionen von Fernsehzuschauern bei einem Streit handgreiflich zu werden.

Michael Ballack ging aus der Auseinandersetzung mit Podolski als Sieger hervor. Er hatte im Spiel und mit seiner souveränen Reaktion bewiesen, dass er nicht zu ersetzen ist. Fast schien es so, als genieße Ballack all die Fragen nach der Ohrfeige, gaben sie ihm doch die Gelegenheit, sich als abgeklärtes Pendant zum heißblütigen Jungspund darzustellen. Ein wenig gönnerhaft klang es schon, als er dem Jüngeren zugestand, er sei ein „guter Junge", der auch schon eingesehen habe, dass er da Mist gebaut habe.

Nicht alles war schlecht gewesen beim FC Bayern. Bayern-Manager Uli Hoeneß kam bei Podolski jedenfalls gut weg. „Er hat ein bisschen als Freund agiert und mir geholfen, dass der Wechsel zustande kommt." Hoeneß hatte den Stürmer zwar oft kritisiert, aber eigentlich immer im Interesse des Kritisierten. Podolski sah bei Klinsmann hingegen wenig Klasse, dafür aber viel Wankelmütigkeit. „Wenn dann mal ein Spieler ausgefallen ist, wurde man plötzlich wieder gestärkt und war wichtig", sagte der 24-Jährige, „man muss aber auf Dauer das Vertrauen haben." Eine sehr kluge Analyse. Für Jupp Heynckes, der mit den Bayern in fünf Spielen 13 Punkte geholt hatte, fand Podolski hingegen lobende Worte: „Er hat klare Vorstellungen auf dem Platz, er hat auch eine Menge Erfahrung. Ich habe viel mitgenommen aus diesen letzten Wochen."

Unter Heynckes schien sich Podolski in München plötzlich pudelwohl zu fühlen. Da stand sein Wechsel nach Köln aber schon fest. Und wer weiß, wie er mit Louis van Gaal zurechtgekommen wäre. Der Holländer ist anders als Klinsmann ein alter Hase im Profifußball. Vielleicht hätte er begriffen, wie man aus einem Lukas Podolski Leistung herauskitzelt. Vielleicht hätte er aber auch kurzen Prozess gemacht, so wie mit Luca Toni.

4.

Aschermittwoch in Köln

4.

Lukas Podolski hatte in Köln einiges vor. „Ich will mit dem FC nach vorne, für mein Herz ist Köln einfach das Beste. Vielleicht spiele ich auch für immer beim FC, bis zum Karriereende. Das ist einfach ein Super-Verein, da passt alles", so Podolski.

Passte wirklich alles? In einem Kraftakt hatte Christoph Daum seinen internationalen und charakterlich nicht ganz einfachen Kader in der Vorsaison zu einer homogenen Einheit geformt. Seitdem herrschte eine konstruktive Gemeinsamkeit. Die Hierarchie funktionierte. Vor allem Milivoje Novakovic war in seiner Kapitänsrolle aufgeblüht. Dieses fragile Gebilde wurde spätestens mit Podolskis Ankunft auf eine harte Probe gestellt. Zumal jetzt auch noch der Erfolgstrainer Daum weg war.

Der Enthusiasmus über seine Rückkehr verging Lukas Podolski recht schnell. Bittere Momente sollte er mit dem FC in dieser Saison genug erleben. Erinnerungen wurden wach an seine letzte Saison in Köln, als er auch schon wie später in München unter seinen Möglichkeiten geblieben war.

Viele trostlose Ergebnisse. Es war wohl der rheinischen Mentalität geschuldet, dass Trainer und Mannschaft trotzdem immer wieder von Fortschritten sprachen. Nur Podolski stand nach den Spielen immer wieder missgelaunt vor den Reportern und grummelte in die Mikros, dass man sich mehr Chancen erarbeiten müsse, dass die Mannschaft zu schnell die Bälle verliere, usw. „Darunter leidet natürlich auch mein Spiel."

Nicht mehr hören konnte er die Frage, ob ihm seine Rolle in Köln behage. Nach dem elften Spieltag hatte er noch gesagt: „Meine Lieblingsposition ist im Zentrum hinter den Spitzen. Jeder weiß, dass ich meine Stärken dort mehr ausspielen kann." Sein Trainer Zvonimir Soldo sah dies jedoch häufig anders, weil es ihm zu riskant erschien, Podolski mit einem offensiveren Part zu betrauen. Das war eben der Unterschied zum FC Bayern. Der will dem Gegner stets sein Spiel aufzwingen, weil er es nicht nötig hat, sich hinten reinzustellen.

Engagement ließ Podolski jedoch überhaupt nicht vermissen. Dafür sprechen die fünf Gelben Karten, die er in seinen ersten zwölf Spielen sammelte. 2008/09 war es in 24 Ligaspielen nur eine einzige gewesen.

Nach 15 Spielen mit nur sieben Toren stand der FC auf Platz 14, mit zwei Punkten Vorsprung auf einen Abstiegsplatz – so hatte sich der Nationalstürmer die Rückkehr vom FC Bayern München in seine Heimatstadt sicherlich nicht vorgestellt. Er versauerte hinter den Spitzen. Statt wie erhofft um die vorderen Plätze zu spielen und Tore zu schießen, war er meistens linker Mittelfeldspieler bei einem kriselnden Club. Ein kümmerliches Tor hatte Podolski zu diesem Zeitpunkt geschossen und seit 881 Spielminuten nicht mehr getroffen. Der Boulevard verspottet den Kölner Sturm mittlerweile als „Keintorhasen".

Die Lage war für ihn jetzt genauso wie zuvor beim FC Bayern: im Verein mies – und in der Nationalelf top. Selbst in diesem persönlichen Krisenjahr hatte der 24-Jährige sechs Länderspieltore geschossen, mehr als jeder andere Nationalspieler.

Eigentlich darf sich Lukas Podolski über seine Situation nicht beschweren. Er hatte es sich selber eingebrockt. Dass er sich entschloss, Bayern zu verlassen, weil er nur selten spielte, war ja verständlich. Auch dass er zurück nach Köln ging, konnte ihm nur schwerlich vorgeworfen werden. Doch genau deswegen darf sich Podolski über seine derzeitige Lage nicht beschweren. Dass er in Köln nicht auf demselben Niveau spielen würde wie mit den Bayern, hätte er vorher wissen können.

Andererseits hatten sich die Umstände seit seinem Entschluss zum Wechsel gehörig verändert. In der Winterpause war Christoph Daum noch Trainer in Köln gewesen, und der Verein hatte versprochen, neben Podolski weitere Spitzenspieler zu holen. Stattdessen kam der Portugiese Maniche im Spätherbst seiner

Karriere. Mit dem Tempo in der Bundesliga hatte der massive Probleme. Bilanz nach der Vorrunde: kein Tor, keine Vorlage. Um ihn herum fast nur Mitläufer, die dem Kölner Spiel keine Impulse geben können.

Trainer Soldo ist offenbar der Ansicht, dass die enormen Erwartungen in Köln Podolski hemmen: „Ich rede viel mit Lukas. Ich sage ihm immer, er soll nicht versuchen, etwas Besonderes zu machen. Er muss sich nur engagieren, dann kommt alles von alleine." Druck verspürt Podolski angeblich gar nicht: „Den gibt es überall", wiegelte er ab. Doch es heißt, er sei im Team isoliert. Er gehört offensichtlich zu keinem der kleinen Grüppchen, die es in der Mannschaft geben soll. Angeblich passt es anderen Spielern nicht, dass „Prinz Poldi" den Löwenanteil der Aufmerksamkeit bekommt, obwohl er sportlich bislang nicht überzeugen konnte.

Nach der durchwachsenen Vorrunde wollte Lukas Podolski beim 1. FC Köln nach der Winterpause richtig durchstarten. Beim 2:3 gegen Borussia Dortmund brachte er aber wenig Produktives zustande und musste zudem vorzeitig vom Platz. Kicker-Note 5. Nach 60 Minuten war Schluss, entsprechend genervt und frustriert von der eigenen Leistung warf der 24-Jährige beim Gang in die Kabine die Trainingsjacke zu Boden. 1123 Minuten wartete der Kölner Publikumsliebling nun schon auf einen Treffer, das letzte Tor war ihm am 5. Spieltag gegen den FC Schalke 04 gelungen.

Viele Fans sehen, dass ihr Prinz Poldi nicht mehr die unschuldige Teenager-Sensation der ersten beiden Jahre ist, sondern ein zwar immer noch charmanter aber auch etwas gemütlich gewordener Superstar.